「人間主義」の限りなき地平

海外諸大学での講演選集Ⅱ

池田大作

第三文明社　レグルス文庫263

世界最古の歴史を誇る、イタリア・ボローニャ大学で講演する著者（1994年6月1日）

目次

文明の十字路から人間文化の興隆を……パレルモ大学（'07・3・23）…9
21世紀文明の夜明けを……アテネオ文化・学術協会（'95・6・26）…51
——ファウストの苦悩を超えて
平和と人間のための安全保障……東西センター（'95・1・26）…79
レオナルドの眼と人類の議会……ボローニャ大学（'94・6・1）…111
——国連の未来についての考察
「人間主義」の限りなき地平……深圳大学（'94・1・31）…139
新しき統合原理を求めて……クレアモント・マッケナ大学（'93・1・29）…161
新しき人類意識を求めて…マカオ東亜大学（現マカオ大学）（'91・1・30）…187
21世紀への提言……UCLA（'74・4・1）…209
——ヒューマニティーの世紀に

〔凡例〕

一、本書は、著者の了解を得て、聖教新聞社発行の『21世紀文明と大乗仏教—海外諸大学講演集』（一九九六年五月三日、第一刷）に収録された二十七篇の講演から七篇を選び、さらに聖教新聞（二〇〇七年三月二十七日号）掲載のパレルモ大学での記念講演内容を収録したものである。

一、『21世紀文明と大乗仏教—海外諸大学講演集』に収録された七篇は、聖教新聞社発行の『池田大作全集』第1巻（一九八八年五月三日、第一刷）、第2巻（一九九九年一月二日、第一刷）にも収録されており、本書の校訂はこの全集によった。また、パレルモ大学記念講演「文明の十字路から人間文化の興隆を」の校訂は聖教新聞社全集編集部による。

一、本文中の肩書、時節等については講演時のままにし、必要に応じて（　）内に西暦年を記した。

一、御書の引用は『新編日蓮大聖人御書全集』（創価学会版、二四七刷）により、（御書㌻）で示した。

一、法華経の引用は『妙法蓮華経並開結』（創価学会版、二〇〇二年発行）により、（法華経㌻）で示した。

一、その他の引用は、そのつど書名を挙げた。引用のさい、読みにくい漢字にはふりがなを施し、旧字体を新字体に、歴史的かなづかいを現代かなづかいに直したものもある。

一、（　）内の＝の後に記した注は、全集第1巻、第2巻によった。

写真提供／聖教新聞社

「人間主義」の限りなき地平

——海外諸大学での講演選集Ⅱ

文明の十字路から人間文化の興隆を

パレルモ大学記念講演

パレルモ大学（イタリア）

心より尊敬《そんけい》申し上げるシルヴェストリ総長、またレンディナーラ教育学部長、ラ・スピーナ・コミュニケーション学科長、さらに、ご臨席《りんせき》の教職員の先生方《がた》、学生の皆様方、そして、すべてのご来賓《らいひん》の皆様方。

はじめに、貴《き》パレルモ大学の創立二百周年を心より慶祝《けいしゅく》申し上げます。この意義《いぎ》深き佳節《かせつ》を、貴大学の新たな一員としてお祝いすることができ、これに勝《まさ》る光栄はございません。

本来ならば、こちらから参上《さんじょう》すべきところ、寛大《かんだい》にも代理授与をご承諾《しょうだく》くださいました、総長はじめ諸先生方のご厚情《こうじょう》に、重《かさ》ねて御礼《おんれい》を申し上げます。

ただいま私は、栄《は》えある「コミュニケーション学」の名誉博士号を賜《たまわ》りました。人類の未来を展望《てんぼう》するうえで、この「コミュニケーション」というテーマほど、重要な意義を有《ゆう》する課題《かだい》はないと、私は考えてきた一人であります。

なぜなら現代は、コミュニケーションの手段や技術の目覚《めざ》ましい発達《はったつ》にもかかわらず、人間の心と心を結《むす》ぶ「対話」が、依然《いぜん》として欠乏《けつぼう》していると言わざるをえないからであります。

十七世紀の哲学者パスカルは、こう記《しる》しました。

「滑稽《こっけい》な正義よ、川ひとすじによって限られるとは！　ピレネ山脈のこちら側《がわ》では真理であることが、向こう側では誤謬《ごびゅう》なのだ」（『パンセ』松浪信三郎訳、『世界の大思想8』河出書房新社）

地理的境界が人々を隔《へだ》てたこの〝奇妙《きみょう》さ〟を、果《は》たして現代人は、「昔話《むかしばなし》」として笑《わら》うことができるでしょうか。

現代世界において、人々を隔てる「物理的距離《きょり》」は、かつてないほど縮《ちぢ》まりました。それにもかかわらず、対立や紛争《ふんそう》は、深刻に渦巻《うずま》いております。

それどころか、異《こと》なる「民族」や「宗教」に向けられた憎悪《ぞうお》が、インターネットを通して、瞬《またた》く間《ま》に世界中に増幅《ぞうふく》され、社会的緊張《きんちょう》を高めるケースさえ増《ふ》えてきました。

世界はまさに、ヤマアラシが近づけば近づくほど、互《たが》いを針《はり》で傷《きず》つけ合うような、矛盾《むじゅん》といらだちを抱《かか》えた様相《ようそう》を呈《てい》しているのであります。

昨二〇〇六年十一月、私は、ノーベル平和賞を受賞された、国際原子力機関のエルバラダイ事務局長とお会いしました。

その折《おり》の事務局長の指摘《してき》が、心に深く残っております。

「私たちは、それぞれの『差異《さい》』ばかりを強調し、『共通点』を見落《みお》としがちです。常に『我《われ》ら』と『彼《かれ》ら』という立て分けをして、物事《ものごと》を見がちです」と。

そうではなくして、人間として、互《たが》いの「共通点」を、いかに見出《みいだ》していくか。

互いの「差異《さい》」を「多様性《たようせい》」として、いかに学び合い、自らを豊《ゆた》かにしていくか。ここに、現代世界に生きる私たちが、真摯《しんし》に向き合うべき、喫緊《きっきん》の課題《かだい》があるといっても、決して過言《かごん》ではないのであります。

そこで本日は、新たな「コミュニケーション」のあり方と要件《ようけん》をめぐって、
一、価値創造《そうぞう》の源泉《げんせん》としての文明間交流《こうりゅう》
一、内発的《ないはつ》精神に基《もと》づく開かれた対話
一、教育による「平和の文化」の創出《そうしゅつ》
——の三点にわたって私の所感《しょかん》の一端《いったん》を述《の》べさせていただきます。

価値創造の源泉としての文明間交流

まず最初に強調《きょうちょう》したいのが、〝価値創造の源泉〟としての文明間交流の意義《いぎ》であります。

「シチリアにこそすべてを解《と》く鍵《かぎ》がある」（『イタリア紀行』高木久雄訳、『ゲーテ全集11』潮出版社）

このあまりにも有名なゲーテの言葉を待つまでもなく、私はかねてより、このシチリアの天地こそ、文明間交流の意義を論《ろん》じるにふさわしい場所であると考えてきました。

シチリアは、歴史的に、文明と文明とが出あい、さまざまな民族が壮大《そうだい》な交流を織《お》りなし、紡《つむ》ぎ出してきた、人類文明の〝美の遺産《いさん》〟の宝庫《ほうこ》であります。

じつは、一九八四年の春、私が創立した東京富士美術館において、「シチリアの古代ギリシア展」を、盛大《せいだい》に開催させていただきました。

まことに光栄なことに、シチリアの八つの考古《こうこ》学《がく》博物館から、彫刻《ちょうこく》や陶器《とうき》をはじめ、七百点にのぼる貴重《きちょう》な美術品や考古《こうこ》資料《しりょう》を、紹介させていただきました。

「オデュッセイア」をはじめ、古代ギリシャの英雄《えいゆう》たちが活躍した壮大《そうだい》な歴史の舞台へと誘《いざな》う展覧会は、日本の五都市で開催され、多くの人々の心を動かし、魅了《みりょう》しました。

その折《おり》、貴《き》パレルモ大学の考古学や歴史学の先生方《がた》にも、多大なご協力をいただきました。

同展が、シチリアと日本を結《むす》び、民衆レベルでの相互理解を深めゆく重要な機会となったことに、私は今もって、心からの感謝の念《ねん》を禁《きん》じ得ないのであります。

最先端の知性と文化の発信地

シチリアが放《はな》った、悠久《ゆうきゅう》なる歴史の光《ひかり》のなかで、ひときわ注目されるのが、ノルマン・シチリア王国が、「十二世紀ルネサンス」と呼ばれる大文化運動に果《は》たした役割であります。

文明の十字路から人間文化の興隆を

私も、以前、創価大学での講演で論じましたが、中世のヨーロッパは、いわゆる〝暗黒《あんこく》〟などではなかった。

イタリア・ルネサンスの開花《かいか》に先駆《さきが》けて、その萌芽《ほうが》となる学問や芸術などが、すでに奥深く発展していたことは、決して見逃《みのが》すことのできない歴史であります。

当時、王宮《おうきゅう》のあったパレルモでは、ギリシャ、ビザンチン、イスラムの哲学、数学、天文学等に関する多くの貴重な文献《ぶんけん》が、ラテン語に翻訳《ほんやく》されておりました。

そして、それらの宝石のごとき知識が、やがてヨーロッパの各地へと伝えられ、広まっていった。まさしくパレルモは、世界の最先端《さいせんたん》の知性と文化のセンターとして、比類《ひるい》のない光彩《こうさい》に包まれていたのであります。

その光輝《こうき》ある精神の伝統《でんとう》は、現存《げんぞん》するパレルモの多くの建築物に、今も名残《なごり》が留《とど》められております。

現在、シチリア州議会堂となっているパレルモ王宮《おうきゅう》は、アラブ人が城として建《た》て、ノルマン人が宮殿《きゅうでん》に改築し、スペイン人が華麗《かれい》な装飾《そうしょく》を加えた名建築として知られる、かけがえのない世界の宝《たから》の宮殿であります。

異《こと》なる文明を受け容《い》れ、融合《ゆうごう》させながら、新たな価値を創造《そうぞう》し、その豊かな実《みの》りを、世界へと発信していく——。コスモポリタン都市としての真価《しんか》を、きわめて象《しょう》徴的《ちょうてき》に体現《たいげん》した場所であります。

ここパレルモを都《みやこ》として、シチリア王国は、西欧の近代《きんだい》国家の揺籃《ようらん》ともなりました。それは、異なる文明との創造的な対話と交流がもたらすダイナミズムを、じつに雄弁《ゆうべん》に語りかけてくれます。

キリスト教にせよ、ユダヤ教、イスラムにせよ、大乗《だいじょう》仏教にせよ、世界の主な宗教は、いずれも「文明の十字路」において誕生《たんじょう》しました。

紀元《きげん》二世紀頃《ごろ》、カニシカ王の治世《ちせい》に全盛期《ぜんせいき》を迎《むか》えた古代インドのクシャーナ朝《ちょう》は、インド洋やアラビア湾《わん》の海路《かいろ》や、オアシスの交易路《こうえきろ》を通じて、ペルシャ、ローマ帝国とも、さらには中国とも結《むす》ばれ、交流《こうりゅう》を行《おこな》っていました。

そして、その触発《しょくはつ》と融合のなかで、かの有名な「ガンダーラ美術」が生まれ、そして「大乗仏教」が興起《こうき》していったのであります。

大乗仏教の勃興《ぼっこう》は、この壮大《そうだい》な交流なくしては、あり得なかったことが、最近の研究でも明らかになっております。

まさに、文明の交流は、より豊饒《ほうじょう》な人間文化を興隆《こうりゅう》させ、時代の扉《とびら》を大きく開く、新たな思想を育《はぐく》んでいったのであります。

「挑戦と応戦《おうせん》」

もちろん、歴史上、異《こと》なる文明の出あいと接触《せっしょく》が、予期《よき》せぬ事態を招《まね》き、また、数多くの対立や紛争《ふんそう》の悲劇《ひげき》を生《う》んできたことも事実であります。

かつて私が対談集を発刊《はっかん》した歴史家アーノルド・トインビー博士は、人類文明の盛衰《せいすい》の歴史を「挑戦と応戦《おうせん》」の概念《がいねん》で分析《ぶんせき》し、考察《こうさつ》しました。

端的《たんてき》に申し上げるならば、〝異なる文明との出あい〟という「挑戦」に対し、どのように「応戦」し、適応《てきおう》していくか――それが、発展か衰退《すいたい》かの大きな岐路《きろ》となるという史観《しかん》であります。

グローバル化が、急速《きゅうそく》な勢《いきお》いで進む現代世界において、異なる文化や文明との出あいを、平和と共生《きょうせい》の方向へ、創造的《そうぞうてき》な方向へと、断《だん》じて向かわせていかねばならない。トインビー博士との一致点も、ここにありました。

これこそ、現代の人類が突《つ》きつけられた重大な課題《かだい》なのであります。

とはいえ「文化の交流」といっても、「文明の対話」といっても、すべては人間と人間の「一対一のコミュニケーション」から始まるものであります。

パレルモと日本結んだ世界市民《コスモポリタン》

歴史のドラマを繙《ひもと》くとき、私たちの心に希望を贈《おく》ってくれるのは、異なる文化のなかに飛び込み、生き生きと活躍していった「コスモポリタン（世界市民）」たちの群像《ぐんぞう》であります。

パレルモと、遠く離れた日本との間にも、そうした麗《うるわ》しい先人《せんじん》たちの足跡《そくせき》が刻《きざ》まれております。

そもそも「コスモポリタン」という言葉は「コスモス」（宇宙《うちゅう》）に由来《ゆらい》します。

その同じ名前を持った「コスモス」の花を、近代《きんだい》日本に紹介したのは、シチリアが生んだ偉《い》大《だい》な芸術家ヴィンチェンツォ・ラグーザ（一八四一年―一九二七年）でありました。

ラグーザは、日本が近代《きんだい》国家としての歩《あゆ》みを始めた黎明期《れいめいき》に、西洋美術を初めて日本に伝授《でんじゅ》し、多くの若き芸術家たちを育成《いくせい》してくださった、近代日本美術の大恩《だいおん》人《じん》の一人であります。

その彼が、明治政府によって設立されたばかりの工部美術学校の西洋彫刻《ちょうこく》の教師として招請《しょうせい》されたのは、一八七六年（明治九年）のことでした。

ラグーザと結婚した日本人の妻・玉《たま》も、のちにラグーザが設立したパレルモ工芸美術学校の副校長・教授となり、日本美術の紹介や日本画の制作にも尽力《じんりょく》しております。

彼女は、貴《き》パレルモ大学の美術専攻科《せんこうか》にも学び、芸術家としても活躍しました。そして、夫の死後は、日本に帰国し、最初の女流《じょりゅう》洋画家として、人生を飾《かざ》ったのであります。

私は、シチリアと日本を心から愛し、人々を芸術と文化で結《むす》ぼうとした、ラグーザ夫妻の深き心に、「コスモポリタン」としての一つの模範《もはん》を見る思いがするのであります。

私の恩師である、創価学会の戸田城聖第二代会長は、日本の軍国《ぐんこく》主義と戦った「コスモポリタン」でありました。

戸田会長は、第二次世界大戦後、いち早く「地球民族主義」を提唱《ていしょう》し、仏法を基《き》調《ちょう》とした民衆による平和の対話運動を開始しております。

それは、とりもなおさず、「一対一の対話」を基軸《きじく》としながら、草の根の民衆《みんしゅう》の心の連帯を拡大する闘《たたか》いでありました。

そして、その地道《じみち》な積《つ》み重《かさ》ねのなかにあって、地球をわが郷土《きょうど》とし、多様な民族と心を結びゆく、「開かれた世界精神」を、青年たちに育《はぐく》んでいったのであります。

ともすれば、「差異《さい》」がぶつかり合い、緊張《きんちょう》を生みがちな文明と文明との関係を、平和的で創造的《そうぞうてき》なものへと転換《てんかん》しゆく原動力は、いったい何か――。

私は、そのベクトル転換のカギこそ、第二のテーマである「内発的精神《ないはつてき》に基《もと》づく開《ひら》かれた対話」であると考えております。それは、換言《かんげん》すれば、互《たが》いの共通性を見出《みいだ》し、それぞれの多様性《たようせい》を生かしゆく、「開かれた精神の対話」とも言えます。

かつて、平和を「精神の力から生ずる徳《とく》」と位置づけたのは哲学者のスピノザでした。（畠中尚志訳註『スピノザ・思想の自由について』理想社）

たしかに、〝平和〟を叫《さけ》んでも、そこに人間の積極的な意志が伴《ともな》わなければ、他者との関係は、不安定な状況を免《まぬが》れません。

また、「消極的な寛容《かんよう》」の域《いき》を脱《だつ》しない限り、〝差異《さい》＝互いを隔《へだ》てるもの〟との発想から抜けきれず、〝独善《どくぜん》〟という暗闇《くらやみ》の中を、さまよい続けることにもなりかねない。そうではなくて、異《こと》なる文明との交流《こうりゅう》を、自身を啓発《けいはつ》し、向上させゆく、〝成長の糧《かて》〟としていく。その基盤《きばん》を成《な》すものこそ、暗闇の中で、互いの足元《あしもと》を照《て》らす灯《あか》りとなり、人間の心と心を結《むす》ぶ紐帯《ちゅうたい》となる「開かれた対話」なのであります。

「奇跡《きせき》の和平」

そこで、二十一世紀に要請《ようせい》される〝開かれた対話〟の要件を考察《こうさつ》するにあたり、シチリアの歴史に燦然《さんぜん》と輝《かがや》く〝平和の対話〟――パレルモが生んだ名君《めいくん》フェデリコ二世（フリードリヒ二世、一一九四年―一二五〇年）と、イスラムの君主アル・カーミル（一一八〇年―一二三八年）が成《な》し遂《と》げた、平和協定の偉業《いぎょう》について触《ふ》れておきたい。

申し上げるまでもなく、幼《おさな》くしてシチリア王に就《つ》いたフェデリコ二世は、一二一五年、神聖《しんせい》ローマ帝国の皇帝に即位《そくい》しました。

歴史家ブルクハルトが「王座《おうざ》にある最初の近代人」と呼び、「世界の驚異《きょうい》」とも讃《たた》えられたフェデリコ二世は、ギリシャ語やアラビア語をはじめ、七つもの言語に通じ、イスラム文化にも深い造詣《ぞうけい》があったとされております。

さらにまた、ヨーロッパ最古《さいこ》の大学の一つであるナポリ大学の創設《そうせつ》など、教育事業にも力《ちから》を注《そそ》ぎました。

特筆《とくひつ》すべきは、このフェデリコ二世が、エルサレムの奪還《だっかん》のために、軍隊を率《ひき》いて戦いを挑《いど》まねばならなくなった時、彼のとった行動であります。

当時は、アイユーブ朝の君主アル・カーミルがエルサレムを支配し、西欧世界からの攻撃《こうげき》を退《しりぞ》けていました。ヨーロッパの盟主《めいしゅ》となったフェデリコ二世にとって、エルサレムの奪還は、好《この》むと好まざるとに拘《かか》わらず、至上《しじょう》命令となったのであります。

とはいえ、幼い頃《ころ》からイスラム文化に慣《な》れ親《した》しみ、多くの有能《ゆうのう》なアラブ人の臣下《しんか》を抱《かか》えていた彼にとって、イスラム世界との戦いが、不本意《ふほんい》であったことは、想像にかたくありません。

彼はそこで、一計《いっけい》を案《あん》じ、一二二八年、エルサレム攻略《こうりゃく》の拠点《きょてん》であるイスラエル北部の町アッコに向かいました。

フェデリコ二世が、まずそこで行《おこな》ったのは、イスラムの君主アル・カーミルに対し、深い敬意《けいい》を込めた書簡《しょかん》と使節《しせつ》を送ることでありました。

アル・カーミルも、フェデリコ二世の英知《えいち》と人格に、深い感銘《かんめい》を受けたようであります。そして、五カ月にわたる粘《ねば》り強い和平への交渉《こうしょう》が始まったのであります。

驚《おどろ》くべきことに二人は、書簡を通じ、抜《ぬ》き差《さ》しならない領土《りょうど》交渉を進める一方で、哲学や数学などの難問《なんもん》を巡《めぐ》り、闊達《かったつ》な学問の対話を重《かさ》ねていました。

その過程《かてい》で、互いの信頼関係を育《はぐく》みつつ、自《みずか》らの地位を危《あや》うくしかねないギリギリの線まで譲歩《じょうほ》を重ねていった。そしてついに、聖地《せいち》の平和的統治を取り決めた歴史的な「ヤッファ協定」が締結《ていけつ》されました。

両者は、一度も武器を交《まじ》えることなく、「和平」を実《みの》らせたのであります。

宗教的熱狂《ねっきょう》と憎悪《ぞうお》、政治的・経済的利害の渦巻《うずま》く、聖地をめぐる争いの歴史の中で、まさに奇跡《きせき》の出来事《できごと》でありました。

なぜ、このような「平和協定」が可能となったのか――。

当然、さまざまな見方があるでしょうが、それは第一に、両者があくまで「平和的解決」を目的としたこと、第二に、二人がともに「コスモポリタン」としての資《し》質《しつ》を備《そな》えていたこと、第三に、両者が一貫《いっかん》して「敵《てき》―味方《みかた》」という敵対的関係ではなく、一人の人間としての対等な立場で相対《あいたい》し続けたことにあるといってもよいのではないかと、私は考えてきました。

書簡《しょかん》という形であるにせよ、精神の対話を重《かさ》ねていくなかで、いつしか二人の間には、友情さえ芽生《めば》えていったのであります。

もちろん現代とは、あまりにも時代状況が違《ちが》うかもしれない。しかし、二人の成《な》し遂《と》げた偉業《いぎょう》は、時を超《こ》えて人類が学ぶべき多くの示唆《しさ》を投げかけております。

冷戦下に中ソの首脳と会談

私自身も、これまで、戦争に苦《くる》しめられた世代の一人として、平和を求める一仏法者として、世界の多くの識者《しきしゃ》や指導者との対話を重ねてきました。

一九六八年に「日中国交正常化」を提言した私が、初めて中国を訪問したのは、その六年後（七四年五月）のことでした。

当時、中国とソ連との間には政治的緊張《きんちょう》が高まっており、北京では、人々が掘《ほ》った地下防空壕《ぼうくうごう》を見ました。

訪《おとず》れた中学校でも、生徒たちが、攻撃《こうげき》に備《そな》えて、校庭で地下室を掘る作業にあたっており、その不安げな様子が、じつに痛々《いたいた》しかった。

米ソ対立に加《くわ》え、中ソの関係が険悪化《けんあくか》するなか事態《じたい》の打開《だかい》を願いつつ、私は、その三カ月後、ソ連に向かいました。

十日間に及《およ》ぶ滞在《たいざい》で、モスクワの市井《しせい》の人々とも会話を交《か》わしながら、皆、北京の人々と同じく、平和な暮《く》らしを切実《せつじつ》に願っていることを肌身《はだみ》に感じました。宿舎《しゅくしゃ》で部屋のカギ番をしていた無口《むくち》な婦人からも、夫《おっと》を戦争で失《うしな》った悲しみを聞きました。

両国の民衆《みんしゅう》は、等《ひと》しく平和を望んでいる。そのためにはまず、互いへの不信感《ふしんかん》や猜疑心《さいぎしん》を取り払い、首脳同士の間で確《かく》たる信頼関係を構築《こうちく》するしかない――。

その思いを込めて、最終日に臨《のぞ》んだ、クレムリン宮殿《きゅうでん》でのコスイギン首相との会見で、私は、ソ連が中国を攻めるつもりがあるかどうかを、率直《そっちょく》にうかがいました。

コスイギン首相は、「ソ連は中国を攻撃《こうげき》するつもりも、孤立化《こりつか》させるつもりもありません」と明快《めいかい》に応《こた》えられたのであります。

一九七四年十二月、再び訪中を果《は》たした私は、中国の首脳に、そのことを明確《めいかく》に伝えました。

周恩来総理から「二十世紀の最後の二十五年間は、世界にとって最《もっと》も大事な時期です。すべての国が平等な立場で助け合わなければなりません」との言葉を聞いた私は、中ソの和解《わかい》も遠からず実現することを確信しました。

事実、歴史はそう動いたのであります。

二十世紀の悲劇《ひげき》招《まね》いた分断化《ぶんだんか》

二十世紀の歴史を、あえて一言《ひとこと》で総括《そうかつ》するならば、「敵《てき》と味方《みかた》」や「善《ぜん》と悪《あく》」といった二元論《にげんろん》による分断化が地球的規模《きぼ》で進むなかで、戦争や破壊《はかい》が繰《く》り返《かえ》され、あまりにも多くの尊《とうと》い人命《じんめい》が失われた〝メガデスの世紀〟でありました。

ホロコーストしかり、ジェノサイド（大量殺戮《さつりく》）しかり、冷戦後《れいせん》に続発《ぞくはつ》したエスニック・クレンジング（民族浄化《じょうか》）も、またしかりです。

「人間は、一方の側《がわ》へ善《ぜん》を押しやり、一方の側へ不善を押しやるために、世紀をかさねてたたかい努力している」（『リュツェルン』中村白葉訳、『トルストイ全集3』所収、河出書房新社）とのトルストイの警告《けいこく》から、人類はいまだに脱《だつ》することができないのであります。

すべての「善」は自分たちに引《ひ》き寄《よ》せ、すべての「悪《あく》」は他の人々に帰《き》す。そのような生き方に身を委《ゆだ》ねれば、メフィストフェレスに魂《たましい》を売ったファウストのように、いつしか良心《りょうしん》の呵責《かしゃく》さえ感じなくなってしまうに違《ちが》いありません。

テロや民族紛争に苦しむ二十一世紀の世界が、このアポリア（難問《なんもん》）を乗り越え、外在的《がいざいてき》な「差異《さい》」に基《もと》づく呪縛《じゅばく》を打破《だは》し、平和と共生の地球社会を築きゆく源泉《げんせん》となるもの――それこそ「対話」であり「コミュニケーション」なのであります。

先に触《ふ》れたフェデリコ二世とアル・カーミルの例のように、「敵《てき》―味方」の次元《じげん》を超えた、人間としての共感、そして精神の内発性《ないはっせい》に裏打《うらう》ちされた言葉は相手の心の内奥《ないおう》に届《とど》き、ともに平和の方向への一歩を歩《あゆ》み出せるのではないでしょうか。

この点、仏法では、「善悪不二《ぜんあくふに》」といって、すべての人間の生命には、潜在的《せんざいてき》に「善悪」の両面が具《そな》わり、縁《えん》に触《ふ》れて善にも悪にも転《てん》じると教えております。

ゆえに私は、自他《じた》ともに、内なる「悪」の発現《はつげん》を抑《おさ》え、「善」を薫発《くんぱつ》しゆく、生命の錬磨《れんま》作業こそ、創造的《そうぞうてき》な「対話」の真骨頂《しんこっちょう》であると思っております。

現代に要請《ようせい》される「対話」のあり方も、「コミュニケーション」の要件《ようけん》も、突《つ》き詰《つ》めれば、ここにいたるのではないでしょうか。

この問題を深く掘《ほ》り下げる上で、示唆《しさ》深いのが、釈尊《しゃくそん》の次の言葉であります。

「『かれらもわたくしと同様であり、わたくしもかれらと同様である』と思って、わが身に引きくらべて、（生きものを）殺してはならぬ。また他人をして殺させてはならぬ」（『ブッダのことば』中村元訳、岩波文庫）

ここには、二つの重要な視座《しざ》があります。

第一は、守るべき戒律《かいりつ》を、外在的なルールとして規定《きてい》するのではなく、「わが身に引きくらべて」とあるように、同苦《どうく》の眼差《まなざ》しに根ざした内省的《ないせいてき》な問いを出発点としていることです。

第二は、「他人をして殺させてはならぬ」とあるように、単に自身が殺生《せっしょう》を行わないだけでなく、他の人々にも生命尊厳《そんげん》の思想を強く働《はたら》きかけていくことを、促《うなが》している点であります。

この「内省的な問いかけ」と「他者への働きかけ」の往還作業《おうかん》——つまり、たえず自己を省《かえり》みながら、相手の善性を信じ、呼びかける「対話」は、自己を統御《とうぎょ》し、規律《きりつ》する力を、揺《ゆる》るぎないものへと鍛《きた》え上げゆくプロセスになるに違《ちが》いありません。

その意味において、対話を支える両輪《りょうりん》とは、人間誰《だれ》しもに備《そな》わる「善性への信頼」と、それを粘《ねば》り強く引き出そうとする「忍耐《にんたい》の精神」にあると言ってよい。

この両輪こそ文明間対話、そして宗教間対話の〝画竜点睛《がりょうてんせい》〟なのであります。

私は、対話の真価《しんか》は、対話を通じて得られる成果以上に、人間の精神と精神が打ち合い、織《お》りなす対話のプロセスそのものにあると強く感じてきました。

私がこれまで、世界のリーダーや識者《しきしゃ》の方々《かたがた》と千六百回を超《こ》す対話を重《かさ》ね、約五十点に及《およ》ぶ対談集を発刊《はっかん》してきたのも、ひとえに、「対話の力《ちから》で世界を結び、地球的問題群《ぐん》の解決の糸口《いとぐち》を、共に見出《みいだ》したい」との思いからであります。

また私が創立した三つの研究機関（東洋哲学研究所、戸田記念国際平和研究所、ボストン21世紀センター）でも、これまで文明間対話や宗教間対話に意欲的《いよくてき》に取り組んできました。いずれも、具体的な紛争《ふんそう》防止や貧困《ひんこん》の克服《こくふく》、地球的規模での環境破壊の防止といった〝問題解決志向型《しこうがた》〟の対話を通じて、人類の英知《えいち》を結集することを眼《がん》目《もく》としております。十三世紀の日本で記《しる》された日蓮仏法の「立正安国論《りっしょうあんこくろん》」も、対話形式で綴《つづ》られております。

それは、思想的背景《はいけい》の異《こと》なる二人が「客来《きた》って共《とも》に嘆《なげ》く屢《しばしば》談話を致《いた》さん」（御書一七ジペー）と、ともに社会の混迷《こんめい》を憂《うれ》えるという共通の土台に立って語り始められております。

そして、悲劇《ひげき》を生み出す原因は何か。悲劇を止める術《すべ》はあるのかと、真摯《しんし》な議論が交《か》わされるなかで、最後は、ともに心を合わせ、人々のため、社会のために行動することを誓《ちか》う場面で結《むす》ばれているのであります。

宗教の本来の使命《しめい》は、「生命の尊厳」という人類の普遍的《ふへんてき》な地平《ちへい》に、人間一人一人の心を立ち返らせ、「平和の文化」を構築《こうちく》していくためのエートス（道徳的気風《きふう》）の源泉《げんせん》となり、それを確立《かくりつ》することにあることが示《しめ》されております。この「対話」が、〝人間精神の眼《まなこ》〟を開き、人々を狭隘《きょうあい》な偏見《へんけん》と憎悪《ぞうお》の呪縛《じゅばく》から解《と》き放《はな》つものであるならば、平和的共存の生き方を社会に定着《ていちゃく》させ、確かな時代の思潮《しちょう》へと高めゆくものこそ「教育」であります。

教育による「平和の文化」の創出《そうしゅつ》

そこで、最後のテーマである「教育による『平和の文化』の創出」について考えてまいりたい。

かつて、イタリアの偉大《いだい》な教育者マリア・モンテッソーリは、「紛争《ふんそう》の回避《かいひ》は政治がなすべきことであり、平和の構築は教育がなすべきことである」と喝破《かっぱ》しました。

そして「教育は、人間の改革《かいかく》を通して、人格の内面的な発達《はったつ》を可能にし、人類の目的と、社会生活のあり方を方向付《づ》ける」と達観《たっかん》しております。

まさに、教育の成否《せいひ》こそが、人類の命運《めいうん》を決定づけていくのであります。

私の尊敬《そんけい》してやまない友人であり、偉大《いだい》な人権《じんけん》と人道《じんどう》の闘士《とうし》である、南アフリカ共和国のマンデラ前大統領は、断言《だんげん》しておりました。

「肌《はだ》の色や育ちや信仰のちがう他人を、憎《にく》むように生まれついた人間などいない。人は憎むことを学ぶのだ」（『自由への長い道――ネルソン・マンデラ自伝（下）』東江一紀訳、日本放送出版協会）

それゆえに、マンデラ氏は、南アフリカ共和国の再建《さいけん》にあたり、人々の心から「憎しみ」の根を取《と》り除《のぞ》き、「人間への信頼」と「非暴力《ひぼうりょく》の心」を植《う》える政策と教育の推進《すいしん》のために、全力《ぜんりょく》を尽《つ》くしたのであります。

私どもSGI（創価学会インタナショナル）でも、アメリカ青年部による非暴力の対話運動「ビクトリー・オーバー・バイオレンス（暴力に打ち勝つ）」や、「世界の子どもたちのための平和の文化の建設」展をはじめ、世界の各地で、平和と非暴力のための教育運動に取り組んできました。

ここパレルモ市でも、二〇〇一年の春に、多くの方々の協力を得て「現代世界の人権」展を開催させていただきました。

地元の多くの青少年も見学に訪《おとず》れ、大きな共感が広がったとうかがい、心から嬉《うれ》しく思っております。

そして、貴《き》パレルモ大学を中心にシチリアの皆様方《がた》が、「非暴力の社会建設」と「平和の文化」の創造のために、断固《だんこ》たる言論《げんろん》の闘争《とうそう》を続けておられることに、私は、最大の敬意《けいい》を表《ひょう》するものであります。

それは世界に、そして後世《こうせい》に、限《かぎ》りなき勇気を贈る偉業《いぎょう》であります。

哲人キケロの正義の言論闘争

はるか二千年以上の歳月《さいげつ》を超《こ》えて、かの哲人キケロが、ここシチリアで、民衆《みんしゅう》を苦しめる悪《あく》と、言論を武器に戦い抜いた歴史も、私たちを力《ちから》づけてくれます。

紀元前七三年からの三年間、シチリアの総督《そうとく》を務《つと》めたウェッレスは、私利私欲《しりしよく》のために、人々からありとあらゆる富《とみ》を収奪《しゅうだつ》し、横暴《おうぼう》かつ残虐《ざんぎゃく》な圧政《あっせい》を敷《し》いて、民衆《みんしゅう》を苦しめました。

しかし、当時のシチリアの人々には、ウェッレスをローマの法廷《ほうてい》に訴《うった》える手だてがなかった。そこで最後の望《のぞ》みとなったのは、かつてシチリアの財務官《ざいむかん》を務め、人々と深い信頼で結《むす》ばれていたキケロを代理人（訴追者《そついしゃ》）として選び、不正をただすことでした。

キケロは、人々の願いを聞くと、即座に引き受け、立ち上がった。そして、シチリアに赴《おもむ》き、ウェッレスが、いかに非道《ひどう》の限《かぎ》りを尽《つ》くしたか、民衆の証言を徹底《てってい》して集めたのであります。

町々では、ウェッレス一味の陰謀《いんぼう》によって、わが子を殺された母親たちの涙ながらの訴えにも耳を傾《かたむ》けた。

キケロは、そうした母たちの願いに応《こた》えるためにも、五十日にわたって、厳《きび》しき冬のシチリアを歩きに歩き、身の危険を覚悟《かくご》で、法廷闘争の準備のために奔走《ほんそう》し、万全《ばんぜん》を期《き》したのであります。

裁判は、キケロの雄弁《ゆうべん》もさることながら、彼が代弁《だいべん》した民衆の証言と、収集した膨大《ぼうだい》な資料のゆえに、キケロ側の圧倒的《あっとうてき》な勝利となりました。

私がここで、「ウェッレス弾劾《だんがい》裁判」に言及《げんきゅう》したのは、このキケロの言論の戦いにこそ、現代の私たちが「暴力《ぼうりょく》」に抗《こう》し、「平和の文化」を構築《こうちく》する上で、学ぶべき行動規範《きはん》が、明瞭《めいりょう》に示《しめ》されていると思うからであります。

それは、何よりも第一に、キケロの闘争が民衆の「真実の声」に根差《ねざ》していたこと、第二に、民衆の「善《ぜん》の連帯」を成《な》し遂《と》げたこと、そして第三に、非暴力の手法《しゅほう》として、法廷闘争によって、「法の正義」を実現しようとしたことであります。

古今東西《ここんとうざい》を問《と》わず、社会変革《へんかく》を目指《めざ》す善なる人々の連帯は、往々《おうおう》にして分断《ぶんだん》され、時としてその力を十分に発揮《はっき》できないできました。

第二次世界大戦中、日本の軍国主義《ぐんこく》と対峙《たいじ》し獄死《ごくし》した、創価学会の牧口常三郎初代会長も、「悪人は自己防衛《じこぼうえい》の本能《ほんのう》から、たちまち他《た》と協同《きょうどう》する」が「善人《ぜんにん》は、いつまでも孤立《こりつ》して弱くなっている」と慨嘆《がいたん》しておりました。（『牧口常三郎全集　創価教育学体系（下）』第三文明社、一部表記を改めた）

だからこそ牧口会長は、「教育」の力で、人間の無限《むげん》の可能性を引き出し、一人一人を強く、賢明《けんめい》にすることが重要であると訴えました。そして、民衆《みんしゅう》の「善の連帯」を強めながら、平和と人道の世界を築いていく以外にないと、結論したのであります。

その心を心として、私も、日本、アメリカ、ブラジル、マレーシア、シンガポール、香港《ホンコン》などに創価教育を実践する学舎を開学《かいがく》してきました。

そして、世界の諸大学との交流《こうりゅう》をはじめ、民衆レベルでの教育交流の拡大に全魂《ぜんこん》を注《そそ》ぎ、取り組んできたのであります。

なかでも私が、「平和の文化」を育《はぐく》む教育の柱《はしら》として重視《じゅうし》してきたのは、「〝傍観者《ぼうかんしゃ》〟ではなく、〝平和の創造者〟をつくる教育」であります。

牧口初代会長は、善意《ぜんい》の人々が社会に大勢《おおぜい》いながら、混迷《こんめい》が一向《いっこう》に晴れず深まってしまう原因を、こう見通《みとお》していました。

「善人は古往今来《こおうこんらい》必ず強大《きょうだい》なる迫害《はくがい》を受けるが、これを他の善人共《ども》は内心には同《どう》情《じょう》を寄するものの何《なん》らの実力がないとして傍観《ぼうかん》するが故《ゆえ》に善人は負けることになる」（同前）と。

単なる知識の伝授《でんじゅ》や技術を学ぶことだけが、教育のゴールでは決してない。民衆という豊《ゆた》かな大地に根差《ねざ》しつつ、人間や社会の危機《きき》には敢然《かんぜん》と立ち向かう「英知《えいち》」と「勇気」を培《つちか》う「人間教育」こそが、今強く求められているのではないでしょうか。

とともに私が、今後の教育の重要な柱となると考えるのは、コスモポリタンの資《し》質《しつ》でもある「多様《たよう》な文化を尊《とうと》び、学ぶ、開かれた心を養《やしな》う教育」であります。

人間の尊厳《そんげん》輝く地球文明へ

この一月、私は、中国文明研究の第一人者で、ハーバード大学教授のドゥ・ウェイミン（杜維明）博士と対談集（『対話の文明――平和の希望哲学を語る』第三文明社）を発刊《はっかん》しました。

国連の「文明間《かん》の対話年」に関《かん》する賢人《けんじん》会議のメンバーとしても活躍された博士は、こう警鐘《けいしょう》を鳴《な》らしておられた。

「学ぶことをやめ、他人に教えるのだとの高慢《こうまん》な態度をもつ文明や人間は、必ず衰退《すいたい》していくものです」

そして、「異《こと》なった生活様式《ようしき》との出合いによって、『聞く』技術や思いやりの倫理《りんり》観《かん》、自己発見の感覚を磨《みが》いていく」ことが重要であると訴《うった》えておられました。

この「他者《たしゃ》から学ぶ」という謙虚《けんきょ》な姿勢こそ、世界に「平和の文化」を根付《ねづ》かせゆく土壌《どじょう》を耕《たがや》す力《ちから》であると、私は思っております。

第三の千年が目指すべき方向を論《ろん》じつつ、「過去《かこ》二千年のシンボルは〈矢《や》〉であった」「一方向性をもって突《つ》き進《すす》んだ」と洞察《どうさつ》したのは、イタリアの思想家ウンベルト・エーコ氏であります。

そして、エーコ氏は、「来《きた》るべき三千年紀《き》のシンボルは〈星座《せいざ》〉であらねばならない。それは多文化社会の尊重《そんちょう》ということである」と述べております。（服部英二「3000年紀を見る『世界人』が訴えるもの」、「Ｒｏｎｚａ」九七年五月号、朝日新聞社）

「星座」とは、まさに言い得て妙《みょう》であります。

個々《ここ》の星が、それぞれ光《ひか》り輝《かがや》きながら、星座という一つの形として美《び》を織《お》りなしていく。そして、互《たが》いの美しさを損《そこ》なうことなく、むしろ多様《たよう》な相《そう》を織りなして天空を豊《ゆた》かに飾《かざ》っていきます。

この世界観は仏法が説く「縁起観《えんぎかん》」にも、まさに通じるものであります。仏典《ぶってん》には、「帝釈天《たいしやくてん》の網《あみ》」という譬《たと》えがあります。大自然の力《ちから》を象徴する帝釈天の宮殿には、縦横《じゆうおう》に走る壮大《そうだい》な網がかかり、多彩《たさい》な輝きを放《はな》つ数多くの宝石が、取り付けられております。

そこでは、どの宝石が中心というのではない。それぞれが全体の中心です。そして、一つ一つの宝石が、互《たが》いを映《うつ》し出し、輝《かがや》きを増《ま》しながら、調和に満《み》ちた「荘厳《そうごん》な世界」を創《つく》り出している。それが、この世界の実相《じつそう》であるというのです。

その一つ一つの宝石を、それぞれの地域、民族の〝文化の象徴〟とすれば、宝石の放つ光は、それぞれの文化の独自性《どくじせい》を示《しめ》していると言えるでしょう。

そして、すべての宝石が、互いに映し合い、新《あら》たな光彩《こうさい》を放ち、大《おお》いなる価値を創造《そうぞう》しながら、荘厳に輝きわたる「地球文明」を創《つく》り出していくのであります。

〝多様性《たようせい》〟を尊重《そんちょう》し、差異《さい》を讃《たた》え合い、学び合うなかで、それぞれの独自性とともに、人類共通の〝普遍性《ふへんせい》〟を見出《みいだ》していく——そのような「コミュニケーション」こそが、理想とすべき平和共存《きょうそん》の「人間文化」「人類文明」をつくり上げていくのではないでしょうか。

この〝多様性を重んじる心〟を育《はぐく》むことから、「世界市民教育」の第一歩が始まると、私は確信してやみません。

わが故郷《こきょう》は世界

シチリアの詩人アブ・アル・アラブは、こう高らかに謳《うた》い上げました。

「私は大地から生まれたもの、／だから私はどこにいても居心地《いごこち》が良い／何しろすべての人間が私の兄弟《きょうだい》だし／世界が私の国なのだから」（ジュゼッペ・クアトリーリオ『シチリアの千年―アラブからブルボンまで』真野義人・箕浦万里子訳、新評論）

まさに世界をわが故郷と呼び、すべての人々をわが兄弟姉妹《しまい》と心から呼べる広々とした精神こそ、私たちが未来の世代に責任をもって育《はぐく》んでいくべき、世界市民の「心」ではないでしょうか。

パレルモの伝統的な街並《まちな》みの中心には、主要な道路が交差《こうさ》する「クアットロ・カンティ（四つ辻《つじ》）」があります。この十字路が、いみじくも象徴するように、パレルモは、多様な民族が賑《にぎ》やかに行き交《か》う、壮大《そうだい》な歴史の舞台《ぶたい》でありました。

そして貴《き》大学は、その「文明の十字路《じゅうじろ》」にあって、多彩な人間文化を創造《そうぞう》し、世界市民を輩出《はいしゅつ》する「英知《えいち》の殿堂《でんどう》」として、人類の発展に偉大《いだい》な足跡《そくせき》を刻《きざ》んでこられました。

平和と共生《きょうせい》の「地球文明」の創造が待望《たいぼう》される今日、世界における貴大学の存在は、いやまして燦然《さんぜん》たる輝きを放《はな》っております。

きょうより私は、その誉《ほま》れある大学の一員として、心より尊敬申し上げるシルヴェストリ総長はじめ、諸先生方《がた》とともに、世界にさらなる〝対話の輪《わ》〟を広げ、〝人間教育の興隆《こうりゅう》〟に努《つと》めていくことを、ここに固《かた》くお誓《ちか》い申し上げます。

最後に「シチリアのガンジー」と讃《たた》えられた、偉大なるダニーロ・ドルチの言葉を、貴大学の若き英才の皆様方に贈り、私の記念の講演を結《むす》ばせていただきます。

「〝平和〟とは、〝静寂《せいじゃく》〟ではなく、〝戦い〟を意味する言葉である。明快《めいかい》なる視野《しや》を持ち、すべてを育《はぐく》み、向上させ、問題を解決しゆく、労苦《ろうく》を惜《お》しまぬ生き方のことである」

グラッツィエ・ミッレ！（大変にありがとうございました！）

（２００７年３月23日　イタリア、パレルモ大学　池田博正氏が代読）

〈主な参考文献〉

アントニー・エヴァリット著、髙田康成訳『キケロ――もうひとつのローマ史』白水社
木村毅著『ラグーザお玉』千倉書房
チャールズ・H・ハスキンズ著、別宮貞徳・朝倉文市訳『十二世紀ルネサンス』みすず書房
伊東俊太郎著『十二世紀ルネサンス』講談社学術文庫
高山博著『中世シチリア王国』講談社現代新書
高山博著『中世地中海世界とシチリア王国』東京大学出版会
ジャック・ヴェルジェ著、野口洋二訳『入門　十二世紀ルネサンス』創文社
小森谷慶子著『シチリア歴史紀行』白水社
陣内秀信著『シチリア――〈南〉の再発見』淡交社
吉村忠典著『古代ローマ帝国』岩波新書
NHK「文明の道」プロジェクト他著『NHKスペシャル　文明の道（4）イスラムと十字軍』日本放送出版協会
竹山博英著『シチリアの春――世紀末の文化と社会』朝日新聞社
NHK「ブッダ」プロジェクト編『ブッダ――大いなる旅路（3）救いの思想・大乗仏教』日本放送出版協会
中村元著『原始仏教から大乗仏教へ　中村元選集〔決定版〕第20巻　大乗仏教I』春秋社
Maria Montessori, *Educazione e pace*, Garzanti.
Danilo Dolci, *Conversazioni*, Einaudi.
Danilo Dolci, *Non esiste il silenzio*, Einaudi.
Danilo Dolci, *Verso l'alba del prossimo millennio*, Rubbettino.

アテネオ文化・学術協会記念講演

21世紀文明の夜明けを

——ファウストの苦悩を超えて

アテネオ文化・学術協会のあるスペイン、
サンタンデール市の街並み〈市庁舎〉

本日は、歴史と経験を誇《ほこ》る、ここアテネオ文化・学術協会において、講演の機会《きかい》を与えられたことは、私の最大の名誉《めいよ》とするところであります。ご尽力《じんりょく》してくださったロペス・ベレス会長をはじめ、関係の諸先生方《がた》に深く感謝申し上げるものであります。

さて、二十一世紀まで、あと五年半。世界は、まさにカオス（混沌《こんとん》）一色に塗《ぬ》りつぶされております。コミュニズム（共産主義）の崩壊《ほうかい》により、にぎやかに開幕ベルが鳴らされたかに見えた民主の舞台も、数年を経《へ》ずして、暗転《あんてん》してしまい、時代は、文字どおり〝世紀末《まつ》〟の暗雲《あんうん》に覆《おお》われております。

民族や宗教がらみの争乱《そうらん》はあとを絶《た》たず、本来ならば、人間性に欠《か》かすことのできない彩《いろど》りである文化や文明さえも、対立・相克《そうこく》の火種《ひだね》になりかねません。冷戦《れいせん》構造の崩壊《ほうかい》は、我々の意図《いと》と期待とは裏腹《うらはら》に、あたかも〝パンドラの箱〟を開《あ》け放《はな》ったかの感さえするのであります。

こうした時流《じりゅう》に棹《さお》さしつつ、二十一世紀文明にアプローチしていくには、どのような観点《かんてん》が必要とされるでしょうか。

目下《もっか》のところ、最も多く論議されているのは、二十一世紀文明は、近代《きんだい》の産業文明、科学文明の延長《えんちょう》線上に考えられてはならないということであります。大量生産・大量消費・大量廃棄《はいき》といった近代の産業文明のあり方をこのまま推《お》し進めていけば、早晩《そうばん》、人類社会そのものの破局《はきょく》を迎《むか》えてしまうことは、明らかであります。

一九九二年のブラジル・リオデジャネイロでの国連環境《かんきょう》開発会議は、「持続《じぞく》可能な開発」という選択《せんたく》をしておりましたが、ともかくそれを踏《ふ》み台にして、格段《かくだん》の英《えい》知《ち》の結集が迫《せま》られているところであります。

それと同時に、私は、仏法者の立場から、時代精神の深層《しんそう》、つまり、ヨーロッパ主導の近代文明のエートス（道徳的気風《きふう》）ともいうべきものにスポットを当ててみることも、重要な課題《かだい》ではないかと訴《うった》えたいのであります。

そこまで光を照射《しょうしゃ》しなければ、容易《ようい》に打開《だかい》の道が見つからないほど、時代の閉塞《へいそく》状況は深刻《しんこく》であるといえないでしょうか。

こうした人類史的課題を前にしたとき、私の脳裏《のうり》に鮮《あざ》やかに蘇《よみがえ》ってくるのは、貴《き》国《こく》の卓越《たくえつ》した思想家ルイス・ディエス・デル・コラール博士の洞察《どうさつ》であります。コラール博士は、三十年余り前、文化使節として来日され、多くの講演などを通し、我が国に、強い印象《いんしょう》と多大な感銘《かんめい》を残していかれました。その博士が、近代文明のエートスとして見いだしていたのは、何でありましょうか。

それは、フランス革命《かくめい》における政治や法律といった表層《ひょうそう》の次元《じげん》ではなく、「人間の尊厳《そんげん》に対する新たな感覚《かんかく》」（『ヨーロッパの略奪《りゃくだつ》——現代の歴史的解明』小島威彦訳、未来社）であり、また「人間本来の力《ちから》に対する想像《そうぞう》を絶《ぜつ》した信頼《しんらい》」（同前）であります。そして、「この地上における人間生存に対する有効的確《ゆうこうてきかく》な支配」（同前）なのであります。

これは、言ってみれば、かのゲーテが悲劇《ひげき》『ファウスト』に描《えが》ききったような、ファウスト的自我《じが》の発揚《はつよう》でありましょう。貪欲《どんよく》なまでに認識し、行動し、支配しようとする近代《きんだい》精神の精髄《せいずい》であり、ヨーロッパ近代をして世界を席巻《せっけん》せしめた歴史的原動《げんどう》力《りょく》でありました。

いうまでもなく、それは近代精神、近代文明のエートスの〝光〟の部分でありますが、また、そこには、必ず〝影《かげ》〟の部分がつきまとっています。

その限界《げんかい》と行《ゆ》き詰《づ》まりは、「心根つき果《は》てて苦難《くなん》の煉獄《れんごく》を横切りつつある」（同前）ファウストに譬《たと》えられているとおりであります。

私がなぜこのような史観《しかん》に注目《ちゅうもく》するかといえば、近代文明の位置づけ、捉《とら》え方が〝反時代〟的でなく、優《すぐ》れて〝弁証法《べんしょうほう》〟的であるからであります。

先進諸国《せんしんしょこく》におけるカルト集団の横行《おうこう》が象徴《しょうちょう》するように、世紀末の闇《やみ》が深ければ深いほど、人々の目は〝反近代〟〝反時代〟的になりがちであります。

なればこそ、大切なことは、近代文明の〝光〟と〝影〟、〝正《せい》〟と〝負《ふ》〟を厳《きび》しく分別し、〝光〟と〝正〟の部分を正しく継承《けいしょう》しゆく「弁証法」的な史観ではないでしょうか。

こうした観点《かんてん》から熟考《じゅっこう》してみれば、我々が近代文明のエートスから、何を継承していくべきかは、明らかになるはずであります。

それは、進歩や創造《そうぞう》、挑戦《ちょうせん》や開拓《かいたく》、自発《じはつ》や能動《のうどう》などの言葉を冠《かん》するにふさわしい、いつの時代にも変わらぬ人間性の普遍的《ふへんてき》な美質《びしつ》であります。日々新《あら》たに社会や自然に働きかけ、交流《こうりゅう》しながら、環境《かんきょう》と同時に自分自身をも更新《こうしん》しゆく、人間生命の意欲的《いよくてき》にしてダイナミックな発現《はつげん》にほかなりません。

それはまた、二十一世紀文明のエートス形成にも、枢要《すうよう》な役割を果《は》たしていくにちがいない。

その継承《けいしょう》作業にあたり不可欠《ふかけつ》なことは、近代《きんだい》文明の〝影《かげ》〟と〝負《ふ》〟の部分を、どう矯《た》め直《なお》し、軌道修正《きどうしゅうせい》していくかであります。

文明の軌道修正へ、三つの視点

私は、悠遠《ゆうえん》なる仏教の歴史に蓄積《ちくせき》されてきた精神的遺産《いさん》は、そうした二十一世紀文明のはらんでいる課題《かだい》に、大きく貢献《こうけん》できると信じております。

そこで今回は、「自律《じりつ》」「共生《きょうせい》」「陶冶《とうや》」の三つの角度から、私の所見《しょけん》を述《の》べさせていただきたいと思います。

近代文明の軌道修正されるべき第一の点は、「自律」ということではないでしょうか。ファウストの苦悩《くのう》は、自律を求めてついに得られぬ悲劇《ひげき》であります。

「おれの自我《じが》を人類の自我にまで押しひろげ、ついには人類そのものといっしょに滅《ほろ》びてみよう」（大山定一訳、『ゲーテ全集』2所収、人文書院）と勇往邁進《ゆうおうまいしん》する、不《ふ》敵《てき》にして不遜《ふそん》なファウストは、自律を装《よそお》った自《みずか》らの傲慢《ごうまん》を、結局、盲目《もうもく》と死をもって贖《あがな》わざるを得ませんでした。

ファウストが演《えん》じたのは、正真正銘《しょうしんしょうめい》の悲劇でしたが、二十世紀に入り、貴国《きこく》の誇《ほこ》る世界的哲人《てつじん》オルテガ・イ・ガセットは、自己を律《りつ》することができず右往左往《うおうさおう》している散文的《さんぶんてき》状況へ、鋭《するど》い矢を放《はな》っております。

「われわれの時代はいっさいの事象《じしょう》を征服《せいふく》しながらも（中略）自分自身のあまりの豊かさのなかに自分の姿を見失《うしな》ってしまったように感じている時代なのである」（『大衆の反逆』神吉敬三訳、角川文庫）

オルテガがこう書いてから、半世紀以上たちますが、事態は一向《いっこう》に改善《かいぜん》の兆《きざ》しさえ、見せていないようであります。

宗教的権威《けんい》という他律《たりつ》からの解放を謳《うた》い上げた近代文明《きんだい》の行き着いた先の二十世紀が、ファシズムやコミュニズムといった疑似《ぎじ》宗教的な他律的権威が、すさまじい猛威《もうい》を振るった時代であったということは人類史の皮肉《ひにく》と言う以外にありません。

仏典《ぶってん》「己《おのれ》に勝つものこそ最上の勝者」

ご存じのように、仏教では「安穏《あんのん》」や「解脱《げだつ》」、更に「禅定《ぜんじょう》」などの精神状態《じょうたい》を極《きわ》めて重視《じゅうし》します。

言葉こそ違え、すべて自己の内面世界をどう律《りつ》していくかを説いたもので、仏教では「自律《じりつ》」こそ一切の営為《えいい》に先立ち、それなくしては一切が砂上《さじょう》の楼閣《ろうかく》になってしまうであろう要諦中《ようていちゅう》の要諦なのであります。

実際、仏典をひもといてみれば――。

「他人に教えるとおりに、自分でも行なえ――。自分をよくととのえた人こそ、他人をととのえるであろう。自己は実に制《せい》し難《がた》い」(『ブッダの真理のことば　感興《かんきょう》のことば』中村元訳、岩波文庫)

「戦場において百万の敵《てき》に勝つよりも、一人の自己に勝つものこそ、最上の戦勝《せんしょう》者《しゃ》である」(田村芳朗『人間性の発見　涅槃経《ねはんぎょう》』、筑摩書房)こうした言葉は、枚挙《まいきょ》に暇《いとま》がありません。

このように、おびただしい仏説の意図《いと》するところを一言にしていえば、「自律」の勧《すす》めといえますが、それは、他律的な宗教的呪縛《じゅばく》に決別《けつべつ》しようとした近代文明のエートスとは、いささか異《こと》なります。

同じように自己の確立を志向《しこう》しているとはいえ、ファウスト的自負《じふ》とは、はっきりと一線を画《かく》した「自律《じりつ》の構図」ともいうべきものを、仏教では説《と》いているからであります。それは、釈尊《しやくそん》が特に晩年《ばんねん》に強調《きようちよう》していた「自帰依《じきえ》、法帰依」という構図であります。

釈尊の最後の説法《せつぽう》の一つには、こうあります。

「みずからを洲《す》とし、みずからを依《よ》りどころとして、他人を依りどころとしてはならぬ。法を洲とし、法を依りどころとして、他を依りどころとしてはならぬ」（増谷文雄『仏教百話』筑摩書房）

すなわち、自己を律するには、自《みずか》らを依りどころにして、他人や外部の出来事に紛動《ふんどう》されぬ不動の自己を築《きず》かねばならない。その不動の自己を築くには、独《ひと》り高しとする我見《がけん》や傲慢《ごうまん》を排《はい》し、徹《てつ》して法を依りどころとする――そこに、真の「自律」も可能になるというのが、「自帰依、法帰依」の構図であります。私がここで強調しておきたいのは、この「法」が、徹頭徹尾《てっとうてつび》〝内在《ないざい》〟的に説かれているということであります。

生命に内在しているがゆえに、「法」の働きは、いつに、人間がそれを自覚できるかどうかにかかっています。仏《ほとけ》は〝覚者《かくしゃ》〟といって、その自覚が最高度に達《たっ》した人のことであります。そして、自覚とは、「自律」とほとんど同義語《どうぎご》なのであります。従って、仏という偉大《いだい》な覚者にとって、最大の悩《なや》みは、迷《まよ》い多き人間にこの自覚が可能なのか？　可能であったにしても、人生の荒波《あらなみ》の中で、果《は》たして自覚をもち続けられるのか？　という難問《なんもん》でした。

だからこそ、釈尊や、日蓮大聖人は、最高の宗教的自覚を得た後、その「法」を民衆《みんしゅう》に説き及ぶに際《さい》し、幾度《いくたび》かの逡巡《しゅんじゅん》を重《かさ》ねているのであります。「法」の内在的自覚ということは、確《たし》かに人類史的な難問であります。

しかし、この一点を避《さ》け、「法」を外在化《がいざいか》させてしまえば、すぐさまそれは他律的規範《たりつてききはん》と化し、人類の前には、「自律《じりつ》」の道は、依然《いぜん》として閉《と》ざされてしまうでありましょう。外在化された「法」が、多くの場合、聖職者《せいしょくしゃ》や権力者に利用され、人間を奴隷的地位《どれいてき》にまでおとしめてしまうことは、多くの宗教的非寛容性《ひかんようせい》が、たどってきた血塗《ちぬ》られた道に明らかであります。

ゆえに、貴国《きこく》の偉大《いだい》な言語学者メネンデス・ピダルが、スペイン精神史の美質《びしつ》を次のように描《えが》き出すとき、同じく内在的《ないざいてき》、自律的規範を志向《しこう》するものとして、心からのエールを送りたいのであります。

すなわち、「欠乏《けつぼう》に耐《た》えることにおいて堅忍不抜《けんにんふばつ》なスペイン人は、人間をしてあらゆる逆境《ぎゃっきょう》を超越《ちょうえつ》させる知恵《ちえ》の規範、すなわち『堅忍し節制《せっせい》せよ』(sustine et abstine) を胸中に持《じ》している。その内部に本能的かつ基本的《きほんてき》な特殊《とくしゅ》のストイシズム(=禁欲主義《きんよく》)を抱《いだ》いている。つまり彼は生まれつきのセネカ主義者なのである」(『スペイン精神史序説』佐々木孝訳、法政大学出版局)と。

第二に「共生《きょうせい》」――共に生きる、という視点《してん》を申し上げてみたいと思います。

「悲劇《ひげき》」の冒頭《ぼうとう》、ファウストは、次のように独白《どくはく》します。

「あらゆるものが一個の全体を織《お》りなしている。一つ一つがたがいに生きてはたらいている」(大山定一訳、『ゲーテ全集』2所収、人文書院) ここには、宇宙の森羅万象《しんらばんしょう》が、互《たが》いに関連し、依存《いそん》し合いながら、絶妙《ぜつみょう》なハーモニーを奏《かな》で、生々《せいせい》流転《るてん》しゆく「共生」の生命感覚が脈動《みゃくどう》しております。大きく息を吸《す》い、大自然や大宇宙と自在《じざい》に交感《こうかん》しゆく、こうした、おおどかな生命感覚は、現代人から、はるかに縁遠《えんどお》くなってしまいました。

いうまでもなく、現代文明の基調《きちょう》は、自然を人間と対立させ、人間によって支配・征服《せいふく》されるべき対象《たいしょう》として捉《とら》え続けてきたからであります。その結果、人間自身の孤立《こりつ》と自己疎外《そがい》は、ファウスト的自我《じが》の悪魔《あくま》的側面《てきそくめん》が招《まね》き寄せた帰結《きけつ》といってよいでしょう。

多くの識者が指摘《してき》するように、二十一世紀文明の地平《ちへい》を拓《ひら》くためには、こうした自然観、宇宙観の軌《き》道修正《どうしゅうせい》こそ急務《きゅうむ》であります。ここ数年、「共生《きょうせい》」が未来世紀へのキー・ワードとして、にわかに脚光《きゃっこう》を浴びているゆえんも、ここにあります。

その点、仏教では、人間と、それを取り巻く人間社会や自然、宇宙などの環境《かんきょう》と不可分《ふかぶん》のものとして捉《とら》える視点《してん》を、一貫《いっかん》してもってきました。

大我《たいが》に生きゆく菩薩《ぼさつ》の人生を

その一つに、「依正不二《えしょうふに》」という原理があります。

手みじかに言えば、「正報《しょうほう》」とは我々の自己自身を、「依報《えほう》」とは我々を取り巻く環境を意味しております。

そして、我々自身と環境とは、常に一体《いったい》にして不二《ふに》であり、互いに影響《えいきょう》し合い、相互《そうご》浸透《しんとう》し合いながら調和《ちょうわ》をたもっていくというのが、仏教の基本的《きほんてき》な考え方であります。

こうした知見《ちけん》が、ポスト・モダンの知のパラダイム（範型《はんけい》）として大きく注目《ちゅうもく》を集めていることは、皆さま方《がた》、ご存じのとおりであります。

仏法の捉え方によれば、「人間」と「自然」が織《お》り成すハーモニーとは、決して静的《せいてき》なイメージではありません。

それは、創造的《そうぞうてき》生命がダイナミックに脈動《みゃくどう》しゆく、活気《かっき》にあふれた世界であります。そのダイナミズムは、先に近代《きんだい》文明の継承《けいしょう》すべきエートスと申し上げた、「進歩」や「創造」、「挑戦《ちょうせん》」や「開拓《かいたく》」などの能動的《のうどうてき》エネルギーを、余《あま》すところなく摂《せっ》する広がりを有しております。

そうした「正報」と「依報」とのダイナミックな関係を、仏典《ぶってん》では簡潔《かんけつ》に「正報なくば依報《えほう》なし・又正報《またしょうほう》をば依報をもつて此《こ》れをつくる」（「瑞相御書《ずいそうごしょ》」御書一一四〇ジペー）としているのであります。

まず、前半部分の「正報なくば依報なし」でありますが、例《たと》えば、我々が死んだところで、人類は存続していきますし、極端《きょくたん》に言えば、人類が滅亡《めつぼう》しても、それが、宇宙の終わりを意味するわけでもありません。

にもかかわらず、「依報」の存在そのものを「正報」のなかに包《つつ》み込み、「正報なくば依報なし」と断《だん》ずるのは、もはや、人間と環境とが不可分《ふかぶん》であることの客観描写《きゃつかんびょうしゃ》というよりも、宗教的確信に基づく主体的《しゅたいてき》決断であります。

その決断の根拠《こんきょ》を、仏教では「一念《いちねん》」と呼んでおります。

「正報なくば依報なし」とは、その「一念」の地平《ちへい》をば、時間と空間の限界を超《こ》えた、宇宙大の「大我《たいが》」にまで拡大《かくだい》せよ、との促《うなが》しであり、更に言えば、その決断にふさわしい生き方、大乗《だいじょう》仏教で菩薩道《ぼさつどう》と呼んでいる、「小我《しょうが》」を去って「大我」にのっとった生き方をも要請《ようせい》しているのであります。

とはいえ、主体的決断だけで終わっていたのでは、独我論《どくがろん》や唯心論《ゆいしんろん》、あるいはファウスト的独尊《どくそん》にさえ陥《おちい》りかねません。

そこで、仏典《ぶってん》の後半部分では「正報をば依報をもつて此れをつくる」と、最新のエコロジー（生態学）的視点《してん》を先取りしたかのような補足《ほそく》がなされ、「依正《えしょう》」の絶妙《ぜつみょう》なバランスがとられているのであります。この環境《かんきょう》への温《あたた》かい眼差《まなざ》しによって、「正報なくば依報なし」との断固《だんこ》たる意志《いし》は、ほどよく融和《ゆうわ》され、人間と環境とのダイナミックに相互《そうご》浸透《しんとう》しゆく、真の「共生《きょうせい》」の在《あ》り方へと止揚《しよう》されているのであります。

さて、皆さまは、こうした仏教の「依正不二」論が、オルテガ哲学の精髄《せいずい》である「私は、私と私の環境である。そしてもしこの環境を救《すく》わないなら、私をも救えない」（『ドン・キホーテに関する思索《しさく》』A・マタイス、佐々木孝共訳、現代思潮社）との命題《めいだい》に、驚《おどろ》くほど親近《しんきん》していることにお気づきだと思います。

「私は、私と私の環境である」という言葉は、「正報《しょうほう》なくば依報《えほう》なし」と同じように、自我《じが》の「大我《たいが》」への広がりを志向《しこう》していないでしょうか。

「環境を救わないなら、私をも救えない」という言葉からは、「正報をば依報をもつて此れをつくる」と同じような、共生《きょうせい》へのベクトルが感じ取れないでしょうか。

従って、そのオルテガの「文明とは、何よりもまず、共存《きょうそん》への意志である」(『大衆の反逆』神吉敬三訳、角川文庫)との言葉に、また、大思想家ウナムーノの「強者は、根源的に強い人は、エゴイストになることができない。充分《じゅうぶん》に力《ちから》を有している人は、自《みずか》らの力を他に与えるものなのだ」(「生粋《きっすい》主義をめぐって」佐々木孝訳、『ウナムーノ著作集《ちょさくしゅう》――スペインの本質』所収、法政大学出版局)との言葉に接するとき、私はそこに、大航海時代以来、数百年の時の試練を経《へ》て、貴国《きこく》の精神水脈を流れ続けてきた「共生」のエートス、「世界市民」のエートスの一端《いったん》を垣間《かいま》見る思いがします。

それはまた、大乗仏教の精髄《せいずい》である菩薩道《ぼさつどう》とも、深く通底《つうてい》しているのであります。

第三に「陶冶《とうや》」という点に触《ふ》れてみたい。

ここにも近代文明《きんだいぶんめい》が忘失《ぼうしつ》してきた盲点《もうてん》があると思うからであります。

近代の産業文明は、利便《りべん》や効率《こうりつ》、快適《かいてき》さなどの追求を旗印《はたじるし》に、数百年間をまっしぐらに走り抜いてきました。その結果、空前《くうぜん》の富の蓄積《ちくせき》がなされ、物質的な側面《そくめん》では、先進国《せんしんこく》の一般市民は、往昔《おうせき》の王侯貴族《おうこうきぞく》も及ばぬ生活が可能となりました。

しかし、その代償《だいしょう》として、いわゆる産業社会のトリレンマ（三者択一《たくいつ》の窮境《きゅうきょう》）と呼ばれるもの――すなわち、①増《ふ》え続ける人口を養《やしな》う経済発展《はってん》②枯渇《こかつ》する資源《しげん》・エネルギー③環境破壊《はかい》の三者が、互《たが》いに規制《きせい》しあい矛盾《むじゅん》しあうという複雑《ふくざつ》な連鎖《れんさ》構造など、多くの難題《なんだい》を抱《かか》え込んでいることは、周知《しゅうち》の事実であります。

しかも、より深刻《しんこく》なことは、産業文明の進展《しんてん》が生命力の衰弱《すいじゃく》というか、内面世界の劣化現象《れっかげんしょう》を引き起こしてしまっているという事実ではないでしょうか。利便《りべん》や快適《かいてき》さを追うあまり、困難《こんなん》を避《さ》け、できるだけ易《やす》きにつこうとする安易《あんい》さから、「陶冶《とうや》」が、二の次、三の次にされてきたのが、近代《きんだい》、特に二十世紀であります。内面性の陶冶を怠《おこた》ったことへの「しっぺ返し」を、最も痛切《つうせつ》な形で受けているのが、旧《きゅう》社会主義国でありましょう。

私は現在、ゴルバチョフ元ソ連大統領と、雑誌で対談を進めておりますが、氏は、急進主義《きゅうしん》の誤《あやま》りというかたちで、繰《く》り返《かえ》し、そのことに触《ふ》れています。

「過激《かげき》主義というのは、物事を単純に決めつけてしまうことへの誘惑《ゆうわく》と同じく、しぶといものです。

二十世紀において、性急《せいきゅう》な決定や、すべての困難《こんなん》を一挙《いっきょ》に解決《かいけつ》できる摩訶《まか》不思議な解決法がある、という単純な思い込みのために、人々は、どれほど辛酸《しんさん》をなめたことでしょう」

また「〝最も急進的な、革命的《かくめいてき》なものが、変革《へんかく》と進歩をゆるぎないものにする〟という、十九世紀、二十世紀の考えは誤りです」(『二十世紀の精神の教訓』潮出版社)——と。

私も、全《まった》く同感であります。

フランス革命の動向に厳《きび》しい眼を注《そそ》ぎ続けたゲーテの「内面的訓練の過程《かてい》を与えずして、単にわれわれの精神だけを解放《かいほう》するような種類のものは、ことごとく有害《ゆうがい》である」(ルイス・ディエス・デル・コラール『ヨーロッパの略奪——現代の歴史的解明』小島威彦訳、未来社)との警句《けいく》を、今、私は思い起こしております。

「内面的訓練の過程」——これ、すなわち、内面性の陶冶であります。

これをおろそかにし、制度の変革のみ先行することへの危惧《きぐ》は、フランス革命に対してバーク(イギリスの思想家)が、アメリカ革命に対しトクヴィル(フランスの歴史家）が、ロシア革命に対しガンジーが、中国革命に対し孫文《そんぶん》が、ニュアンスの違いこそあれ、一様《いちよう》に表明《ひょうめい》しているところであります。

そして現在、社会主義国に限らず、自由主義国も含《ふく》め、世紀末の人類社会に横行《おうこう》する物質《ぶっしつ》主義、拝金《はいきん》主義、倫理《りんり》の崩壊《ほうかい》は、彼らの危惧《きぐ》が、決して杞憂《きゆう》には終わらなかったことの証左《しょうさ》であります。

オルテガが、六十年以上も前に憂慮《ゆうりょ》していた「慢心《まんしん》しきったお坊ちゃん」（『大衆の反逆』神吉敬三訳、角川文庫）の時代とは、さながら今日《こんにち》のことのようであります。

「人間革命」は人格錬磨《れんま》の異名

古来、仏教では「忍辱《にんにく》」ということを修行《しゅぎょう》の柱としてきました。

また、釈尊《しゃくそん》の臨終《りんじゅう》の言葉が、「怠《おこた》ることなく修行を完成なさい」であったように、内面の陶冶《とうや》や鍛《きた》えを、第一義的課題《かだい》として重視《じゅうし》してきております。

この点に関する日蓮大聖人の訓戒《くんかい》を、幾《いく》つか挙《あ》げてみましょう。

「鉄《くろがね》は炎《きたいう》打てば剣《つるぎ》となる」（「佐渡《さど》御書」御書九五八ジペー）

「闇鏡《あんきよう》も磨《みが》きぬれば玉と見ゆるが如《ごと》し、只今《ただいま》も一念無明《むみよう》の迷心《めいしん》は磨かざる鏡なり是《これ》を磨かば必ず法性真如《ほつしようしんによ》の明鏡《みようきよう》と成るべし、深く信心を発《おこ》して日夜《にちや》朝暮《ちようぼ》に又懈《またおこた》らず磨くべし」（「一生成仏抄《いつしようじようぶつしよう》」御書三八四ジペー）

「いまだこりず候法華経《そうろうほけきよう》は種《たね》の如く仏はうへての如く衆生《しゆじよう》は田の如くなり」

（「曾谷《そや》殿御返事」御書一〇五六ジペー）

このように、内面世界の陶冶《とうや》や鍛《きた》えの勧《すす》めが、いずれも〝剣〟〝鏡〟〝田と作物〟

などの具体的事例に寄《よ》せて述べられている点に、留意《りゅうい》していただきたい。

これらの農作物や手仕事を特徴づけているのは、活字の世界などと違い、結果を得るまでの過程《かてい》に少しの手抜きも許されない、つまり要領《ようりょう》やごまかしの通用しない世界であるということであります。

例《たと》えば、田に育つ稲《いね》にしても、収穫《しゅうかく》に至るまでに、実《じつ》に八十八段階《だんかい》ともいわれる手順を踏《ふ》まなければならず、どれ一つ欠《か》けても満足のいく結果は得られません。

名刀《めいとう》を鍛え上げるにしても、鏡を磨《みが》き上げる場合も、同じ道理であります。

そして、独《ひと》り、人格や内面性の陶冶作業のみが、この道理の埒外《らちがい》にいられるわけはない。手抜きやごまかしは許されないのであります。

にもかかわらず、近代《きんだい》文明の申し子ともいうべき「慢心《まんしん》しきったお坊ちゃん」たちは、この道理に背《せ》を向け、楽《らく》をしよう、易《やす》きにつこう、簡単に結果を手に入れようとするあまり、オルテガの言う「真の貴族《きぞく》に負《お》わされているヘラクレス的な事業」

えあります。（『大衆の反逆』神吉敬三訳、角川文庫）などとは、縁《えん》なき衆生《しゅじょう》と化してしまった感さ

その結果、旧《きゅう》社会主義国はもとより、〝勝利〟したはずの自由主義国にあっても、シニシズム（冷笑主義《れいしょう》）や拝金《はいきん》主義の横行《おうこう》する「哲学の大空位《くうい》時代」を招き寄《まね》せてしまいました。

その陶冶なき脆弱《ぜいじゃく》な内面世界と、未曾有《みぞう》の大殺戮《だいさつりく》を演《えん》じた二十世紀の悲劇的《ひげきてき》な外面世界とは、深い次元《じげん》で重《かさ》なり合っているように思えてなりません。ゆえに、私どもは、人格の陶冶の異名《いみょう》ともいうべき「人間革命」の旗《はた》を高く掲《かか》げ、新たな人間世紀の夜明けを目指し、航海《こうかい》を続けているのであります。

以上、私は、二十一世紀文明構築のための要件《ようけん》と思われるものを「自律《じりつ》」「共生《きょうせい》」「陶冶」の三点にしぼって申し上げてみました。それらが、煉獄《れんごく》のファウストの苦悩《くのう》にとって、希望の曙光《しょこう》たりうるかどうかは、歴史の審判《しんぱん》にゆだねる以外はないでしょう。

しかし、一歩を踏《ふ》み出さずして、二歩も千歩もありません。

私は一仏法者として、試練《しれん》の歴史を生きる同時代人として、諸先生方《がた》とともに、全力をあげて、この未聞《みもん》の開拓《かいたく》作業に汗《あせ》を流してまいる決意であります。

最後に、貴国《きこく》の偉大《いだい》な精神的遺産《いさん》である『ドン・キホーテ』の一節を申し上げ、私の話を終わらせていただきます。

「遍歴《へんれき》の騎士《きし》は世界の隅々《すみずみ》へ分け入るがよい、およそこみいった迷路《めいろ》へ踏み入るがよい、一歩ごとに不可能なことに敢然《かんぜん》と立ち向かうがよい、人住まぬ荒地《あれち》の真夏の日の灼《や》くがごとき炎熱《えんねつ》に堪《た》え、冬は風雪の厳《きび》しい寒さに堪えるがよい」(「セルバンテスⅡ」会田由訳、『世界古典文学全集』40所収、筑摩書房)

ご清聴《せいちょう》、ありがとうございました。

(1995年6月26日　スペイン、アテネオ文化・学術協会　池田博正氏が代読)

東西センター記念講演

平和と人間のための安全保障

ハワイ・東西センター（アメリカ）

本日、まことに輝《かがや》かしき伝統《でんとう》と傑出《けつしゅつ》した業績《ぎょうせき》を誇《ほこ》る、ここ東西センターにおきまして、講演の機《き》会《かい》をいただきましたことは、私のこのうえない光栄と思っております。

ご尽力《じんりょく》くださったオクセンバーグ理事長並びにマツナガ平和研究所のグアンソン所長をはじめ、ご関係の方々《かたがた》に深く感謝申し上げるものであります。ありがとうございました。また、このたびの阪神・淡路大震災《だいしんさい》に対し、諸先生方から真心こもる、お見舞いの励《はげ》ましをいただきました。この席をお借りいたしまして、謹《つつし》んで御礼申し上げます。

万人《ばんにん》を魅了《みりょう》してやまない、ここハワイの天地《てんち》には、「人間」と「自然」との抱擁《ほうよう》があり、「東」と「西」との握手があります。「文化の多《た》様性《ようせい》」の調和があり、「伝統《でんとう》」と「近代化《きんだいか》」との融合《ゆうごう》があります。私は、ハワイこそ、「平和」と「人間」という人類の根本課《こんぽんか》題《だい》を探究《たんきゅう》する格好《かっこう》の舞《ぶ》台《たい》であると信ずる一人であります。

私自身、世界への旅を、ハワイより開始いたしました。一九六〇年——奇《く》しくも、貴《き》センターが創設《そうせつ》された、その年のことであります。

日本の軍国《ぐんこく》主義によって、太平洋戦争の開戦という悲劇《ひげき》が刻《きざ》まれた、このハワイから、人類の平和の旭日《きょくじつ》を輝《かがや》かせていきたい——これが、青春の日より、私が抱《いだ》いてきた熱願《ねつがん》なのであります。

〝大量死の二十世紀〟の教訓

翻《ひるがえ》って、眺望《ちょうぼう》すれば、二十世紀は、一言でいって、あまりに人間が人間を殺しすぎました。

「戦争と革命の世紀」と形容《けいよう》されるように、二度にわたる世界大戦や相次《あいつ》いだ革命など、今世紀は、かつてない血なまぐさい激動《げきどう》の連続であったといってよいでしょう。

科学技術の発展《はってん》が、兵器《へいき》の殺傷力《さっしょうりょく》を飛躍的《ひやくてき》に高めたこともあって、両度の世界大戦などの死者は約一億人にも及び、その後の冷戦下《れいせんか》から現在に至《いた》るまで、地域紛争《ふんそう》等による犠牲者《ぎせいしゃ》も、二千万人以上にのぼるといわれております。

とともに、「南」と「北」の貧富《ひんぷ》の差は拡大《かくだい》し続け、約八億もの人々が飢《う》えており、幾万《いくまん》の幼《おさな》い尊《とうと》き命が、日々、栄養不良や病《やまい》で失《うしな》われております。この構造的暴力《ぼうりょく》から、決して目をそらすことはできません。

更に多くの識者《しきしゃ》が危惧《きぐ》するように、東西を問わず蔓延《まんえん》する〝精神の飢餓《きが》〟は、物質的な繁栄《はんえい》の空虚《くうきよ》さを物語っております。こうした計《はか》り知《し》れない人柱《ひとばしら》をもって、二十世紀の人類が贖《あがな》ってきたものは、一体なんだったのか——世紀末を迎《むか》え、一段と混迷《こんめい》の度を加《くわ》えつつある現状を前に、だれしも痛恨《つうこん》の情を抑《おさ》えることができないのではないでしょうか。

私の胸には、大乗仏教《だいじよう》の真髄《しんずい》たる「法華経《ほけきよう》」の一文が迫《せま》ってくるのであります。

「三界《さんがい》は安《やす》きこと無し　猶《な》お火宅《かたく》の如《ごと》し　衆苦《しゆく》は充満《じゆうまん》して　甚《はなは》だ怖畏《ふい》す可《べ》し」（法華経一九一ページ）

——この現実世界は、安心できるところではない。ちょうど燃《も》えている家のごとくである。多くの苦が充満しており、はなはだ恐《おそ》るべきである——と。

苦悩《くのう》と恐怖《きようふ》の炎《ほのお》に焼《や》かれる民衆《みんしゆう》への限りなき同苦《どうく》であります。

この悲惨《ひさん》な絵巻《えまき》を直視《ちよくし》しつつ、「法華経」には、こう宣言《せんげん》されております。

「応《まさ》に其《そ》の苦難《くなん》を抜き、無量無辺《むりょうむへん》の仏《ほとけ》の智慧《ちえ》の楽《らく》を与え、其《そ》れをして遊戯《ゆけ》せしむべし」（法華経一七三ジペー）

――まさに、人々の苦しみを抜きとり、無量無辺の「仏の智慧」の楽しみを与えて、遊戯できるようにしてあげたい――と。

ここに、仏法の出発点があります。そして、それは、この現実社会の真《ま》っただ中に、安穏《あんのん》なる楽土を断固《だんこ》として築《きず》かんとする、ダイナミックな行動へと脈動《みゃくどう》していくのであります。

その機軸《きじく》は、あくまでも、民衆一人一人の生命の変革《へんかく》による「生活」と「人生」の蘇生《そせい》であります。

私の恩師《おんし》である戸田城聖創価学会第二代会長は、これを「人間革命」と宣言いたしました。

思えば、十九世紀の進歩《しんぽ》主義思想に酔《よ》いしれた人類は、社会及び国家の外的条件を整《ととの》えることにのみ狂奔《きょうほん》し、それをもって幸福への直道《じきどう》であるかのごとき錯覚《さっかく》に陥《おちい》ってしまったのであります。

しかし、「人間」それ自身の変革という根本の一点を避《さ》けてしまえば、せっかくの平和と幸福への努力も、かえって逆効果《ぎゃくこうか》となってしまう場合さえある。ここに、二十世紀の最大の教訓《きょうくん》があったとはいえないでありましょうか。大変、意を強くしたのは、安全保障《ほしょう》問題の権威《けんい》者《しゃ》でもあられるオクセンバーグ理事長も、私と同じような感触《かんしょく》をもっておられるということであります。

昨一九九四年秋、東京でお会いした際《さい》、理事長は、こう述べておられました。

「――精神が空洞化《くうどうか》すると、人々は『不安』をもちます。『安定』できない。一人一人が『安心』を感じない。これでは、国家は人々に真の『安全』を保障できません。――真の安全保障は、国家だけでなく、文化そして個人まで、その視野《しや》に入れなければなりません」と。私も、全《まった》く同感であります。

二十一世紀へ三つの「発想の転換」

いかなる困難《こんなん》、悪条件にも揺《ゆ》るがない確たる内面世界、すなわち不動《ふどう》の〝汝自身《なんじ》〟を築《きず》き上げていく。

その内なる生命の変革――すなわち「人間革命」から、社会の変革を志向《しこう》していくことこそ、「恒久平和《こうきゅう》」の道を開き、「人間のための安全保障」を可能ならしむる王道であると、私は思うのであります。

こうした観点《かんてん》に立って、私は、二十一世紀へ向け不可避《ふかひ》と思われる発想《はっそう》の転換《てんかん》を、第一に「知識から智慧《ちえ》へ」、第二に「一様性から多様性《たようせい》へ」、そして第三に「国家主権から人間主権へ」という三点にわたって、提案してみたいと思います。

まず第一は「知識から智慧《ちえ》へ」という命題《めいだい》であります。

私の恩師戸田会長は、「知識を智慧と錯覚《さっかく》しているのが、現代人の最大の迷妄《めいもう》である」と鋭《するど》く見破《みやぶ》っておりました。確《たし》かに、現代人の知識量・情報量《じょうほうりょう》は五十年前、百年前に比《くら》べて飛躍的《ひやくてき》に増大《ぞうだい》しておりますが、それがそのまま幸福をもたらす智慧につながっているとは、とうてい言えません。

むしろ「知識」と「智慧」のはなはだしいアンバランスが不幸をもたらす場合があまりにも多い。それは、近代《きんだい》科学の粋《すい》が核兵器《かくへいき》に直結《ちょっけつ》していることや、先ほど申し上げた「南北の格差《かくさ》」の広がりなどに、如実《にょじつ》に表《あらわ》れております。

空前の高度情報化社会を迎《むか》えた今、膨大《ぼうだい》な知識や情報を正しく使いこなしていく「智慧」の開発は、いよいよ重大な眼目《がんもく》となっているのではないでしょうか。

例《たと》えば、発達した通信技術は、民衆《みんしゅう》の「恐怖《きょうふ》」と「憎悪《ぞうお》」を煽《あお》るために悪用《あくよう》される場合もある。その一方で、教育の機会を世界に拡充《かくじゅう》するために活用することもできます。それを分《わ》かつのは、人間の「智慧」と「慈愛《じあい》」の深さなのであります。

仏法は、一貫《いっかん》して、人間生命の慈悲《じひ》に基《もと》づく「智慧」に焦点《しょうてん》を当ててきました。

私どもの信奉《しんぽう》する仏法に、こういう一節があります。

「仏教《ぶっきょう》を習ふといへども心性《しんしょう》を観ぜざれば全《まった》く生死《しょうじ》を離《はな》るる事なきなり、若《も》し心外に道を求めて万行万善《まんぎょうまんぜん》を修せんは譬《たと》えば貧窮《びんぐ》の人日夜に隣《となり》の財《たから》を計《かぞ》へたれども半銭《はんせん》の得分《とくぶん》もなきが如《ごと》し」（「一生成仏抄」御書三八三ジ）――仏教を習ったとしても、自分自身の心の本性《ほんしょう》（仏性《ぶっしょう》）を内観《ないかん》しなければ、全く、生死の苦しみから離れることはできない。もし、心の外に道を求めて、万行万善を修《おさ》めたとしても、それは、例えば貧窮《ひんきゅう》している人が、日夜にわたって、隣の人の財産を数えたとしても半銭の得もないようなものである――と。

仏教をはじめとして、総《そう》じて東洋的思考の特徴《とくちょう》は、一切の知《ち》的営為《てきえいい》が、「自己とは何か？」「人間いかに生くべきか？」といった実存的《じつぞんてき》、主体的《しゅたいてき》な問いかけと緊密《きんみつ》に結《むす》びついて展開《てんかい》されている点にあります。

この一文も、その象徴的《しょうちょうてき》事例といえましょう。

最近、水などの資源《しげん》をめぐる地域紛争《ふんそう》が憂慮《ゆうりょ》されておりますが、それに関連して、私が思い起こすのは、故郷《こきょう》での水争《あらそ》いに対して示した釈尊《しゃくそん》の智慧《ちえ》であります。

――釈尊が、布教のため、故郷の一帯を遍歴《へんれき》していた折《おり》のことである。旱魃《かんばつ》のため、二つの部族の間を流れる川の水量が乏《とぼ》しくなり、争いが起こった。

彼らは、互いに一歩も譲《ゆず》らず、武器を手に、流血《りゅうけつ》も辞《じ》さないという事態《じたい》となった。

まさに、そのとき、釈尊は、自《みずか》ら分《わ》け入って、こう呼びかけたのであります。

「殺そうと争闘《そうとう》する人々を見よ。武器を執《と》って打とうとしたことから恐怖《きょうふ》が生《しょう》じたのである」(『ブッダのことば』中村元訳、岩波文庫)

武器をもつからこそ、恐怖が生ずる――この明快《めいかい》なる一言には、皆の目を覚《さ》まさせる響《ひび》きがあった。

人々は武器を捨《す》て、敵《てき》、味方ともに一緒になって、その場に腰をおろした。やがて釈尊は、目先の〝いさかい〟よりも、更に根源的《こんげんてき》な恐怖である「生死《しょうじ》」についで語り始めた。

だれびとも避《さ》け得ぬ「死」という最大の脅威《きょうい》を、いかに打開《だかい》し、安穏《あんのん》の人生を生きゆくか――人々の心に染《し》み入るように、釈尊は訴《うった》えていったというのであります。

確《たし》かに、現代の複雑《ふくざつ》な葛藤《かっとう》と比較《ひかく》すれば、素朴《そぼく》にすぎるエピソードであるかもしれません。

旧《きゅう》ユーゴスラビアをめぐる紛争にしても、そのルーツをたどると、二千年近くもさかのぼってしまう。その間、東西キリスト教会の分裂《ぶんれつ》あり、オスマン・トルコによる征服《せいふく》あり、今世紀には、ファシズムやコミュニズム（共産主義）による蹂躙《じゅうりん》ありで、民族や宗教がらみの敵意《てきい》は、想像《そうぞう》を絶《ぜっ》する根の深さ、すさまじさであります。

少し、その経緯《けいい》をたどっただけでも、それぞれの勢力が、歴史的な見地《けんち》から差異《さい》を強調《きょうちょう》しあい、自己の正当性を言い立てていては、とても収拾《しゅうしゅう》がつきません。

しかし、だからこそ、釈尊《しゃくそん》の勇気《ゆうき》ある対話が垂範《すいはん》するごとく、人間を分断《ぶんだん》するのではなくして、人間としての共通の地平《ちへい》を見いだそうとする智慧《ちえ》、すなわち、思い切った精神の跳躍《ちょうやく》が要請《ようせい》されているのではないかと思うのであります。そして、仏教は、そのための無限の宝庫《ほうこ》たりうるでありましょう。

仏典《ぶってん》には、平和への英知《えいち》の言句《げんく》は、枚挙《まいきょ》に暇《いとま》がありません。

例《たと》えば、日蓮大聖人の一文には、平和や安全の危機《きき》と、人間生命の内的な要因《よういん》との連関《れんかん》について、こう洞察《どうさつ》されております。

「三毒《さんどく》がうじやうなる一国いかでか安穏《あんのん》なるべき（中略）飢渇《けかち》は大貪《だいとん》よりをこり・やくびやうは・ぐちよりをこり・合戦《かっせん》は瞋恚《しんに》よりをこる」（「曾谷殿御返事」御書一〇六四㌻）

――貪《むさぼ》り、瞋《いか》り、癡《おろ》かさという三種の生命の毒が強盛《ごうじょう》な国が、どうして安穏でいられようか。……飢饉《ききん》は、激しい貪りの心から起こり、疫病《えきびょう》は癡かさから起こり、戦争は瞋りの心から起こる――と。

こうした欲望《よくぼう》や憎悪《ぞうお》にとらわれた、個人的自我《じが》としての「小我《しょうが》」を打ち破り、民族の心の深層《しんそう》をも超《こ》えて、宇宙的・普遍的《ふへんてき》自我である「大我《たいが》」へと生命を開き、充溢《じゅういつ》させていく――その源泉《げんせん》こそ、仏法が明かした智慧なのであります。

この智慧は、どこか遠くにあるのではない。「足下《そっか》を掘《ほ》れ！　そこに泉《いずみ》あり」というごとく汝自身《なんじ》の胸奥《きょうおう》に開かれゆく「小宇宙」そのものに厳然《げんぜん》と備《そな》わっているのであります。そして、その智慧は、人間のため、社会のため、未来のため、勇猛《ゆうもう》なる慈悲《じひ》の行動に徹《てっ》しゆくなかに、限りなく湧《わ》きいずるものであります。

この「菩薩道《ぼさつどう》」を通して薫発《くんぱつ》される智慧をもって、エゴイズムの鉄鎖《てっさ》を断《た》ち切っていく――。

そのとき、もろもろの知識もまた、地球人類の栄光の方向へ、生き生きと、バランスよく回転《かいてん》を始めるのではないかと私は考えるのであります。

第二に申し上げたいのは、「一様性《いちようせい》から多様性《たようせい》へ」の発想の転換《てんかん》であります。私は、「国連寛容年《かんようねん》」の開幕にあたり、多様性の象徴《しょうちょう》ともいえる〝虹《にじ》の島〟ハワイにおいて、このテーマに言及《げんきゅう》することの意義《いぎ》を、深くかみしめております。「多様性の調和と融合《ゆうごう》」という、これからの人類の第一義の課題《かだい》に、最先端《さいせんたん》で取り組んでおられるのが、皆さま方《がた》だからであります。その尊《とうと》い挑戦《ちょうせん》は、さながら、溶岩《ようがん》で覆《おお》われた不毛の大地に真っ先に根を張《は》り、深紅《しんく》の花を咲《さ》かせゆく、あの「オヒアの樹《き》」にも譬《たと》えられましょう。

思えば、近代《きんだい》文明は、富《とみ》の蓄積《ちくせき》だけを目指す経済成長路線《ろせん》に象徴されるように、人間や自然の多様な個性《こせい》を切り捨《す》てて、ひたすら一元化《いちげんか》、一様化された画一的《かくいってき》な目標を追い続けてきました。こうして突《つ》き進んだ結果、遭遇《そうぐう》しているのが、環境破壊《かんきょうはかい》をはじめとする、深刻《しんこく》な「地球的問題群《ぐん》」であります。

未来の世代に連帯《れんたい》する「持続《じぞく》可能な人間開発《かいはつ》」が必須《ひっす》とされるゆえんであります。その反省の眼が、人間や社会、自然の多様化、多様な個性の見直しへと向かいゆくのは、いわば当然の推移《すいい》ではないでしょうか。

環境運動のパイオニアであった海洋生物学者カーソン女史の卓見《たっけん》を、今ここに想起《そうき》するのは、私一人ではないと思います。

亡《な》くなる一年前の一九六三年、女史はこう語りました。女史の遺言《ゆいごん》ともなった言葉であります。

「この世代に生きる私たちは、自然と折《お》り合っていかなければならないと私はかたく信じております。そして、私たちは、自然の支配に熟達《じゅくたつ》するのではなく、私たち自身を制御《せいぎょ》する面で熟達することを、今日《こんにち》ほど強く求められたことはなかったと

考えております」（ポール・ブルックス『レイチェル・カーソン』上遠恵子訳、新潮社）

近年、より一層、環《かん》太平洋にスポットが当てられているのも、多彩《たさい》な民族、文化、言語に満《み》ちたこの地域こそが、人類融合《ゆうごう》への壮大な「実験の海」と期待されるからであります。

その中心にあって、多様《たよう》な文化を受け入れ、異質《いしつ》な価値観《かちかん》を認め合いながら、共生《きょうせい》の道を模索《もさく》してこられたハワイの天地《てんち》は、環太平洋文明の貴重《きちょう》な先例として、ますますその光彩《こうさい》を放《はな》っていくにちがいありません。

〝多様の調和〟を説く仏法

ところで、この多様性という点でも、仏教の叡智《えいち》には、多くの示唆《しさ》が含まれていると、私は思っております。なぜなら、仏教で言う普遍的《ふへんてき》価値は、徹底《てってい》して内在的に追求されるため、画一化《かくいつか》し、一様化《いちようか》しようとしても、不可能だからであります。

仏典《ぶってん》に「桜梅桃李《おうばいとうり》の己己《ここ》の当体を改《あらた》めずして」（「御義口伝《おんぎくでん》」御書七八四ジペー）とあります。すべてが桜に、あるいはすべてが梅《うめ》になる必要はない。なれるはずもない。桜は桜、梅は梅、桃《もも》は桃、李《すもも》は李として、それぞれが個性豊《こせいゆた》かに輝《かがや》いていけばよい。それが一番正しいというのであります。

もとより「桜梅桃李」とは一つの譬喩《ひゆ》であって、それが人間であれ、社会であれ、草木国土《そうもく》であれ、多様性の重視《じゅうし》という点では原理は同じであります。「自体顕照《じたいけんしょう》」というごとく、自《みずか》らの本然の個性を、内から最高に開花《かいか》させていく。しかも、その個性は、いたずらに他の個性とぶつかったり、他の犠牲《ぎせい》のうえに成り立つものではない。相互《そうご》の差異《さい》を慈《いつく》しみながら、花園《はなぞの》のような調和を織《お》り成していく。そこに、仏教の本領《ほんりょう》があるのであります。

仏典には、「鏡《かがみ》に向って礼拝を成す時浮《うか》べる影又我《かげまた》を礼拝するなり」（同前、御書七六九ジペー）――鏡《かがみ》に向かって礼拝すれば、映《うつ》る姿もまた、私自身を礼拝するのである――という美しい譬《たと》えがあります。

仏教の精髄《せいずい》ともいうべき、万有を貫《つらぬ》く「因果律《いんがりつ》」のうえから、他者の生命への尊敬《そんけい》が、そのまま鏡のごとく、自身の生命を荘厳《そうごん》していくという道理が示されているのであります。

このように、人間や自然の万象《ばんしょう》は、縁《よ》りて生起する相互関係性のなかで、互いの特質を尊重《そんちょう》し、生かし合いながら存在していくべきことを促《うなが》しているのが、仏教の縁起観《えんぎかん》なのであります。

しかも、その関係性は、まぎれもなく、万物《ばんぶつ》と連《つら》なり合う宇宙生命への直観《ちょっかん》に基《もと》づくものであります。

なればこそ仏法では、〝森羅万象《しんらばんしょう》のかけがえのない調和を絶対に壊《こわ》してはならない〟として、一切の暴力《ぼうりょく》を否定《ひてい》するのであります。

その点、貴《き》ハワイ大学のアンソニー・マーセラ教授の次の言葉は、この縁起観の本質を詩的《してき》に、すばらしく表現されております。

「自分の中にある生命力は、宇宙を動かしコントロールする力と同じものであるという自明《じめい》の事実を受け入れ、であるがゆえに、その不思議さを謙虚《けんきょ》に受けとめると同時に、これまでにない確信で、生命というものに対して新しい畏敬《いけい》の念をもって接する。

自分は生きている！　自分は、大きな生命の一部である！」と。

「生命」という最も普遍的《ふへんてき》な次元への深き眼差《まなざ》しは、そのまま、「生命」の無量《むりょう》の多様性への「共感」となって広がっていくものであります。

「平和学」の創始者であられるガルトゥング博士が、いみじくも喝破《かっぱ》されたごとく、様々《さまざま》な暴力の根底《こんてい》には、この「共感」の欠如《けつじょ》があります。

現在、博士と私は対談集の発刊《はっかん》を進めております。（＝『平和への選択』毎日新聞社）

その中で、自分と異《こと》なっているからこそ、自分を豊かにしてくれる「他者《たしゃ》」と、いかに積極的《せっきょくてき》に交流《こうりゅう》していくか、そのための青少年の教育をめぐって語り合いました。

こうした「開かれた共感」を育《はぐく》むことによって、多様性《たようせい》は、創造力《そうぞうりょく》の触発《しょくはつ》へと生かされ、「共栄《きょうえい》」の時代、「共存《きょうそん》」の文明の土台となりゆくことを、私は確信してやまないのであります。私どもが、世界に「文化の交流」を結んでいるのも、この信念からであることを、申し添《そ》えさせていただきます。

「人類益」「世界市民」の時代を

第三に、「国家主権から人間主権へ」の発想《はっそう》の転換《てんかん》であります。

二十世紀の相次ぐ争乱《そうらん》の主役を演じてきたのは、何といっても主権国家であります。国権《こっけん》の発動《はつどう》としての近代《きんだい》戦争は、ほとんど有無《うむ》を言わせず、すべての国民を大いなる悲劇《ひげき》へと巻き込んでまいりました。

両大戦ののち、苦渋《くじゅう》の経験を踏《ふ》まえて、国際連盟や国際連合が結成《けっせい》されたのも、一面からいえば、何らかの形で、国家主権を制限し、相対化《そうたいか》しうる上位のシステムを作り出そうとの試《こころ》みであったと思うのであります。しかし、その意欲的な試みも、今なお〝日暮《く》れて道遠し〟の感は否《いな》めません。

幾多《いくた》の難題《なんだい》を抱《かか》えながら、国際連合は、満五十歳を迎《むか》えようとしております。

私は、〝人類の議会〟たるべき国連は、あくまで対話による「合意」と「納得《なっとく》」を基調としたソフト・パワーを軸《じく》にして、従来《じゅうらい》の軍事中心の「安全保障《ほしょう》」の考え方から脱却《だっきゃく》しつつ、機能の強化を図《はか》っていくべきであると信じる一人であります。

例えば、「環境《かんきょう》・開発安全保障理事会」の新設など、新《あら》たな活力《かつりょく》をもって、「人間のための安全保障」に取り組んでいくことが望まれております。

その際《さい》、何といっても、すべてのベースになるのは、国連憲章《けんしょう》が「われら連合国の人民は」と謳《うた》い上げているように、「国家主権から人間主権へ」の座標軸《ざひょうじく》の変換《へんかん》であります。

そのためにも大切なのは、「人類益《えき》」（人類全体の利益）という幅広《はばひろ》い視野《しや》をもった世界市民を育成し、その連帯を広げゆく草の根の教育運動ではないでしょうか。

意義《いぎ》深き国連創設《そうせつ》五十周年の節《ふし》にあたり、私どもも、NGO（非政府組織）として、青年を中心に更に力強く、グローバルな意識啓発《いしきけいはつ》を推進しゆく所存《しょぞん》であります。

この「国家から人間へ」という転回《てんかい》を、仏法者の立場からいえば、一個の人間として、巨大な権力にも毅然《きぜん》と対峙《たいじ》し、権力を賢明《けんめい》に相対化《そうたいか》していける人格を、どう形成《けいせい》すべきか？　という主題であります。

イギリスの歴史学者トインビー博士は、私との対談の中で、〝ナショナリズム（民族主義）は、人間の集団の力を信仰の対象《たいしょう》とする宗教である〟と位置づけておりました。

これは、国家のみならず、今日《こんにち》、世界各地で地域紛争《ふんそう》を激化《げきか》させている〝自民族中心主義〟にもあてはまるでありましょう。

こうした人類の生存《せいぞん》を脅《おびや》かす、狂信的《きょうしんてき》ナショナリズムなどの諸悪《しょあく》と対決し、克服《こくふく》しゆく力を、トインビー博士は、未来の世界宗教に要望されたのであります。

なかんずく、博士が、「普遍的《ふへんてき》な生命の法体系《ほうたいけい》」を説いた仏法に深い期待を寄せられていたことを、私は忘《わす》れることができません。確《たし》かに、仏教の伝統《でんとう》は、人間の内なる「真理《しんり》の法」に立脚《りつきゃく》して、権力というものを超《こ》え、それを相対化しゆく、実《じっ》に豊かな水脈《すいみゃく》を有《ゆう》しております。

例えば、釈尊《しゃくそん》は、セーラというバラモンから「王の中の王として、人類の帝王として、統治をなさい」（『ブッダのことば』中村元訳、岩波文庫）と懇願《こんがん》されたとき、「セーラよ。わたくしは王ではありますが、無上の真理の王です」（同前）と応じているのであります。

また、覇権《はけん》主義の大国マガダ国が、共和国を形成《けいせい》していたヴァッジ族を根絶《こんぜつ》しようとした際、釈尊《しゃくそん》がそれを思いとどまらせた有名なドラマも、まことに印象的《いんしょうてき》であります。マガダ国は当時のインドの一番の強国《きょうこく》でありました。

傲然《ごうぜん》と、侵略《しんりゃく》の意向を伝えに来たマガダ国の大臣を前にして、釈尊は、そばにいた門下に、ヴァッジ族について七つの質問を発した。

それは、敷衍《ふえん》して申し上げれば、

一、「会議・協議」を尊重《そんちょう》しているか?

二、「協同・連帯」を尊重しているか?

三、「法律・伝統」を尊重しているか?

四、「年配者」を尊重しているか?

五、「女性や子ども」を尊重しているか?

六、「宗教性・精神性」を尊重しているか?

七、「文化の人・哲学の人」を、内外を問わず尊び、他国にも開かれた交流を重んじているか?

――の七ポイントであります。

答えは、いずれも「イエス!」でありました。それを受けて釈尊は「この七つを守っているのが見られるかぎりは、ヴァッジ人には繁栄《はんえい》が期待され、衰亡《すいぼう》はないであろう」と語り、その征服《せいふく》が不可能であることを諭《さと》したのであります。

これが、釈尊の最後の旅で説《と》かれた「七不退法《ふたいほう》」すなわち、共同体を衰《おとろ》えさせないための七種の原則であります。

現代的にいえば、まさしく「安全保障《ほしょう》」の具体的な指標《しひょう》として、「軍備」ではなく、「民主」や「人権《じんけん》」や「社会開発」等の観点《かんてん》が提唱《ていしょう》されていることは、刮目《かつもく》に値《あたい》するところでありましょう。

世俗《せぞく》の権力《けんりょく》を前にして、「無上の真理《しんり》の王」たる釈尊の威風《いふう》と威光《いこう》を伝え、面目《めんぼく》躍如《やくじょ》たるエピソードの一つであります。

この点、日蓮大聖人も、一二六〇年（文応《ぶんおう》元年）、「民衆《みんしゅう》の嘆《なげ》きを知らない」最高権力者に対して、有名な「立正安国論《りっしょうあんこくろん》」を送り、烈々《れつれつ》たる諫暁《かんぎょう》を行《おこな》いました。

以来、命《いのち》に及ぶ迫害《はくがい》の連続にありながら、

「王地に生《うま》れたれば身をば随《したが》えられたてまつるやうなりとも心をば随えられたてまつるべからず」（「撰時抄《せんじしょう》」御書二八七ページ）——王の支配する地に生まれたがゆえに、身は権力《けんりょく》に従えられているようであっても、心は絶対に従えられません——。

また、「願くは我《われ》を損《そん》ずる国主等をば最初に之《これ》を導《みちび》かん」（「顕仏未来記《けんぶつみらいき》」御書五〇九ページ）——願わくは、私を迫害《はくがい》した国主等を、最初に導いてあげよう——。

更に、「難来《なんきた》るを以《もっ》て安楽と意得可《こころうべ》きなり」（「御義口伝《おんぎくでん》」御書七五〇ページ）——難が来たことをもって、安楽と心得《こころえ》るべきである——等の珠玉《しゅぎょく》の言葉を残しております。

はかなき無常《むじょう》の権力を見下《みお》ろしながら、我が生命の「永遠の法理」に根差《ねざ》して、非暴力《ひぼうりょく》人間主義を貫《つらぬ》いていった姿であります。

こうした大闘争《だいとうそう》の真っただ中にこそ、何ものにも侵《おか》されぬ、金剛不壊《こんごうふえ》の「安楽」の境涯《きょうがい》があると私は信ずるのであります。

まことに、屹立《きつりつ》する人間の尊厳性《そんげんせい》の比類《ひるい》なき宣言《せんげん》といえましょう。それはまた、新世紀の地球文明を担《にな》いゆく世界市民たちの心に、深く強く、魂《たましい》の共鳴《きょうめい》を奏《かな》でゆくでありましょう。

以上、三つの発想《はっそう》の転換《てんかん》をめぐって、私なりの考察《こうさつ》を申し上げました。

その帰結するところは、生命の内なる変革《へんかく》、すなわち〝智慧《ちえ》〟と〝慈悲《じひ》〟と〝勇気〟の「大我《たいが》」を開きゆく「人間革命」であります。

この一人の人間における本源的《ほんげんてき》な革命が賢明《けんめい》なる民衆のスクラムとなって連動しゆくとき、その潮流《ちょうりゅう》は、「戦乱《せんらん》」と「暴力」の宿命的な流転《るてん》から、必ずや人類を解《と》き放《はな》つであろうことを私は信じてやまないのであります。

あの大戦中、創価教育学会の創立者である牧口常三郎初代会長は、軍部権力と昂然《こうぜん》と戦い、獄中《ごくちゅう》にあっても信念の対話を続け、判事や看守《かんしゅ》まで仏法に導《みちび》きながら、七十三歳で獄死《ごくし》しております。

その精神を受け継《つ》ぎ、私は、一九六〇年、ここハワイから、世界の民衆との対話を開始しました。

これからも生あるかぎり、「希望と安穏《あんのん》の二十一世紀」を創《つく》るために、諸先生方《がた》とともに、偉大《いだい》なる平和への智慧《ちえ》を湧現《ゆげん》し、結集させていく決心であります。

結びに、このテーマを生涯《しょうがい》を通じて追求した偉大な先達《せんだつ》であり、私が敬愛《けいあい》してやまないマハトマ・ガンジーの言葉を添《そ》えて、講演を終わらせていただきます。

たとえ一人になろうとも、全世界に立ち向かい給《たま》え！
世界から血走《ちばし》った眼で睨《にら》まれようとも、君は真《ま》っ向《こう》から世界を見すえるのだ。

恐《おそ》れてはならない。
君の心に響《ひび》く、小さな声を信じ給え！＊

ご清聴《せいちょう》、ありがとうございました。
マハロ（ありがとうございました）。
サンキュー・ベリー・マッチ。

＊マハトマ・ガンジーの言葉については、次の文献を参照した。
Mahatma Gandhi, All Men Are Brothers. ed. Krishna Kripalani (New York: Continuum, 1990)

（１９９５年1月26日　アメリカ、ハワイ・東西センター）

ボローニャ大学記念講演

レオナルドの眼と人類の議会

——国連の未来についての考察

ボローニャ大学（イタリア）

尊敬《そんけい》するロベルシ＝モナコ総長からの寛大《かんだい》なご紹介に感謝申し上げます。また「ドクター・リング」の栄誉《えいよ》に対し、心から御礼を申し上げます。総長はじめボローニャ大学の諸先生方《がた》、並びにご来賓《らいひん》の皆さま。そして、敬愛《けいあい》する学生の皆さま。本日、世界最古《さいこ》の歴史と伝統《でんとう》を誇《ほこ》る、ここボローニャ大学で講演の機会《きかい》を与えられましたことは、私の最大の光栄とするところであります。

総長はじめ、ご関係者の方々に、心より御礼申し上げます。ありがとうございました。グラッチェ（ありがとうございました）。

試験期間の一番お忙《いそが》しいときにもかかわらず、このように、お集まりいただき、厚《あつ》く感謝申し上げます。この講演会に出席した学生の方には、特別に、優秀《ゆうしゅう》な成績をつけていただくよう、私は、総長に、教授の先生方に、謹《つつし》んで、お願いするものであります。（笑い、拍手）

本日は、国連に関連して、少々、論じさせていただく運《はこ》びとなりました。

私は、国連にまつわるグローバルな課題《かだい》を考えるのに、このボローニャほど格好《かっこう》な天地はなかろうとの感慨《かんがい》をもつ一人であります。五年前（一九八九年）に東京で、総長、副総長と会談した際《さい》にも申し上げたことでありますが、主権《しゅけん》国家の枠組《わくぐ》みを超《こ》え、国連にグローバルな地平《ちへい》をもたらしていくには、貴《き》大学の九百年の伝統《でんとう》に脈打《みゃくう》っている「普遍性《ふへんせい》」「国際性」の気風《きふう》こそ、まことに貴重《きちょう》な財産であると思うからであります。

既《すで》に十三、四世紀、貴大学には、その名声《めいせい》を慕《した》って、ヨーロッパ全土から学生が集まり、自治の気風も高らかに国際的な大学都市を形成《けいせい》していたといわれます。

その意気軒昂《いきけんこう》たる様子は、神聖《しんせい》ローマ皇帝（フリードリッヒ二世）の横暴《おうぼう》に対し、学生たちが、「われらは一陣《いちじん》の風に屈《くつ》してしなう湖沼《こしょう》の葦《あし》にあらず。ここに来たらば、そのわれらを見いださん」（グイド・ザッカニーニ『中世イタリアの大学生活』児玉善仁訳、平凡社）と、一歩も退《ひ》かなかった、とのエピソードに、よく見てとることができるのであります。

昔も今も、こうした気概《きがい》こそ、世界市民のバックボーンであるからであります。

私どもＳＧＩ（創価学会インタナショナル）も、国連ＮＧＯ（非政府組織）の一員として、様々《さまざま》な支援《しえん》活動を行ってまいりました。

一九八二年以降、世界数十都市で、「核兵器《かくへいき》――現代世界の脅威展《きょういてん》」「戦争と平和展」「環境《かんきょう》と開発展」などを国連と共催し、地球的問題群の打開《だかい》に向け、英知《えいち》の結集を呼びかけてまいりました。更に、人間の尊厳《そんげん》を訴《うった》え、「現代世界の人権展《じんけんてん》」を、昨一九九三年の十二月には、「世界人権宣言《せんげん》」の四十五周年を記念して、また、この二月には、国連・人権委員会の会期に合わせ、ジュネーブの国連・欧州本部で開催しております。

二十一世紀を担《にな》う青少年のため、婦人平和委員会が実施《じっし》した「子どもの人権展」「世界の子どもとユニセフ展」なども、ユニークな試《こころ》みとして、高く評価されてまいりました。また、青年を中心に、数々の難民救援募金《なんみんきゅうえんぼきん》、カンボジアへの約三十万台に及ぶラジオ支援にも、力を入れてまいりました。

私自身も、三度にわたる国連・軍縮特別総会《ぐんしゅく》をはじめ、折々《おりおり》の記念提言《ていげん》の中で、平和と軍縮、国連の改革《かいかく》のための試案《しあん》を幾多《いくた》、世に問うてきております。とはいえ、SGIは、政治団体ではなく、単なる社会団体でもありません。あくまで人間の内面の改革を促《うなが》す仏教運動を基調《きちょう》としております。

国連の活性化へ「精神の基盤《きばん》」を

ゆえに、本日は、国連改革の具体的側面《そくめん》というよりも、この〝人類の議会〟を活《かっ》性化《せいか》していくための精神的基盤、その担い手たる世界市民のエートス（道徳的気風《きふう》）といった、理念的側面を考察《こうさつ》させていただきたいのであります。

なかんずく、貴国《きこく》の偉大《いだい》なる文化への敬意《けいい》と感謝の思いを込めて、イタリア・ルネサンスの生んだ〝万能の天才〟レオナルド・ダ・ヴィンチにスポット・ライトを当てながら、「自己を統御《とうぎょ》する意志」と「間断《かんだん》なき飛翔《ひしょう》」の二点に論及《ろんきゅう》させていただきたいと思います。なぜなら、国連というグローバルなシステムの本質は、あくまで、協調と対話を機軸《きじく》とするソフト・パワーという点にあり、そのパワーを強化していくには、迂遠《うえん》のようでも精神面、理念面での裏打《うらう》ちが不可欠《ふかけつ》だからであります。

近くは、ボスニア情勢《じょうせい》に見られるように、ぎりぎりハード・パワーの選択《せんたく》の局面があったとしても、国連の第一義的使命《しめい》が、どこまでもソフト・パワーにあることは異論《いろん》の余地《よち》がありません。

明一九九五年、創設《そうせつ》五十周年を迎《むか》える国連の歴史は、短いといえば短い。長い人類の歴史から見れば、緒《ちょ》についたばかりとも言えます。しかし、あまりにも短命《たんめい》に終わった、あの国際連盟《れんめい》の悲運《ひうん》を考えれば、国連の半世紀の歩《あゆ》みは、決して軽視《けいし》されてはならない。

とりわけ、米ソ冷戦《れいせん》の終結《しゅうけつ》とともに、PKO（平和維持《いじ》活動）など国連の動きは、見違えるように活発化《かっぱつか》し、ようやく、創設時《そうせつじ》の精神が機能《きのう》しはじめた、といわれる昨今、この流れを、何としても希望の二十一世紀へと繋《つな》いでいかねばならないからであります。

半世紀前の国連創設の立役者《たてやくしゃ》は、いうまでもなくアメリカのルーズベルト大統領であります。

彼は、同じく国際連盟の旗振《はたふ》り役であったウィルソン大統領の志《こころざし》を継《つ》ぎ、理想主義、国際主義、人道《じんどう》主義を掲《かか》げました。

その信念《しんねん》が、国連創設の精神となり、原動力《げんどうりょく》となったことは周知《しゅうち》の史実《しじつ》であります。

スターリンやチャーチルなどの強者《つわもの》を相手に、倦《う》まず、普遍的《ふへんてき》安全保障《ほしょう》の理想を説《と》き続ける、その姿を、ある後世《こうせい》の史家《しか》は、なかば揶揄《やゆ》を込めて、「宇宙的ヒューマニズム」と呼んだそうであります。

確《たし》かに、その後の冷戦下《れいせんか》での国連機能の形骸化《けいがいか》を見れば、揶揄されても仕方のない面があったかもしれません。しかし、歳月の淘汰《とうた》作用には、まことに測《はか》れないものがあります。

今、創設時の精神への回帰《かいき》と復興《ふっこう》がいわれるなか、「宇宙的ヒューマニズム」は、決して、絵空事《えそらごと》でも夢想《むそう》でもなくなりつつあるのであります。

あれこれと思いを巡《めぐ》らせているとき、ちょうど、レンズを調整《ちょうせい》しているとカメラのファインダーに被写体《ひしゃたい》の輪郭《りんかく》が明らかになってくるように、私の脳裏《のうり》に鮮明《せんめい》に、動かしがたく浮《う》かび上がってくるのが、巨人レオナルド・ダ・ヴィンチの高くそびえ立つ姿なのであります。〝善悪《ぜんあく》の彼岸《ひがん》〟を悠々《ゆうゆう》と独歩《どっぽ》していたかのようなレオナルド・ダ・ヴィンチと、生々《なまなま》しい利害《りがい》・打算《ださん》の渦巻《うずま》く、あまりに散文的《さんぶんてき》な国連とは、次元《じげん》が違いすぎて、両者を結びつけるのは唐突《とうとつ》のように思えるかもしれません。しかし、我々は万事《ばんじ》に、短いスパン（間隔《かんかく》）と長いスパンの視野《しや》を併《あわ》せもたなくてはならないと思います。

巨視的《きょしてき》に見れば、ヤスパースが、「リオナルドとミケランジェロは二つの世界である。この二つの世界はお互《たが》いに近づき合おうとはしない。リオナルドはコスモポリタン（世界市民）であり、ミケランジェロは愛国者である」（『リオナルド・ダ・ヴィンチ―哲学者としてのリオナルド』藤田赤二訳、理想社）と評したレオナルド的視野が、今ほど要請《ようせい》される時はないと、私は思うのであります。

変革にはまず「人間」の確立から

さて、我々がレオナルドに学び、継承《けいしょう》していくべき第一の点は、「自己を統御《とうぎょ》する意志」ということではないでしょうか。

レオナルドは独立不羈《ふき》の自由人であり、宗教や倫理《りんり》の規範《きはん》から自由であるのみならず、祖国、家庭、友人、知人といった人間社会のしがらみにも束縛《そくばく》されぬ、孤高《ここう》の世界市民でありました。

ご存じのとおり、彼は庶子《しょし》であり、独身《どくしん》を貫《つらぬ》いたその生涯《しょうがい》から、家族の痕跡《こんせき》を見いだすことは稀《まれ》で、祖国《そこく》フィレンツェ共和国への愛着《あいちゃく》もまた、はなはだ希薄《きはく》でありました。

祖国での修業時代を終えると、躊躇《ちゅうちょ》なくミラノへ赴《おもむ》き、君主イル・モーロのもとで十数年を過ごす。君主の没落後《ぼつらくご》は、短期間、チェーザレ・ボルジアと組んだあと、フィレンツェ、ローマ、ミラノと居《きょ》を移しながら我が道を歩《あゆ》み続け、晩年はフランス王の招《まね》きに応じ、かの地で生涯《しょうがい》を終えています。彼は、決して冷淡《れいたん》な人間ではなく、徳性《とくせい》に欠けるわけでもなかったが、その一生は、ともかく己《おのれ》の欲するところに、ひたすら忠実《ちゅうじつ》な〝超俗《ちょうぞく》〟の風格《ふうかく》に貫《つらぬ》かれております。

いかなる挙措《きょそ》や出処進退《しゅつしょしんたい》にあたっても、レオナルドは、祖国愛《そこくあい》や敵味方《てきみかた》、善悪《ぜんあく》、美醜《びしゅう》、利害《りがい》などの世俗的規範《せぞくてききはん》には、ほとんど関心を示さず、それらを超出《ちょうしゅつ》した境地《きょうち》を志向《しこう》し続けている。名誉《めいよ》や金銭をもっての誘《さそ》いなど、どこ吹《ふ》く風とし、さりとて権力《けんりょく》の意向《いこう》にあえて逆《さか》らおうともせず、己《おの》が関心事のみを追い続けるその歩みは、二君に仕《つか》えずといった世俗的倫理《りんり》とはおよそ無関係でありました。〝謎《なぞ》の微笑《びしょう》〟を浮かべる優美《ゆうび》な女性像「モナ・リザ」の作者は、同時に、鬼神《きじん》もひしぐ猛々《たけだけ》しい戦士たちがせめぎ合う「アンギアリの戦い」の作者でもありました。流水《りゅうすい》の模様《もよう》に目を凝《こ》らし、植物の生態《せいたい》を見つめ、鳥の飛翔《ひしょう》を分析《ぶんせき》するレオナルドは、同時に死刑囚《しけいしゅう》の顔を食い入るように凝視《ぎょうし》し、解剖《かいぼう》のメスを振るうレオナルドでもあったのであります。

ともかく、世間《せけん》の常識や規則では、推《お》し量《はか》ることのできぬ巨大なスケールの持ち主でありました。そして、世俗的規範を超出しゆくその自在《じざい》さは、まさに自由人にして世界市民の精髄《せいずい》をのぞかせており、イタリア・ルネサンスならではの伸《の》びやかで活気に満ちた時代精神を、独自《どくじ》の風格《ふうかく》に体現《たいげん》しております。

その超出を可能ならしめたものこそ、類《たぐい》まれな「自己を統御《とうぎょ》する意志」であったのではないかと、私は思うのであります。

「自分自身を支配する力《ちから》より大きな支配力も小さな支配力ももちえない」（『レオナルド・ダ・ヴィンチの手記』杉浦明平訳、岩波文庫）と述《の》べているように、彼にとっては、どう自己を統御《とうぎょ》するかが万事《ばんじ》に先立つ第一義的課題《かだい》であり、その力が十全《じゅうぜん》に働いていさえすれば、いかなる現実にも自在《じざい》な対応《たいおう》が可能であり、現実次元《じげん》の向背《こうはい》、善悪《ぜんあく》、美醜《びしゅう》などは、二義的、三義的な価値《かち》しかもたない。

彼は、かつての主君イル・モーロを滅《ほろ》ぼしたフランス王の招《まね》きにも平然《へいぜん》と応じていますが、傍目《はため》には、それが志操一貫《しそういっかん》に欠けるように見えても、この巨人に関しては、無節操《むせっそう》とは似《に》て非《ひ》なる、寛大《かんだい》な度量《どりょう》の大きさを物語っているようであります。

こうしたレオナルドの〝超俗《ちょうぞく》〟のかたちは、仏法で説く「出世間《しゅつせけん》」の意義《いぎ》に親近《しんきん》しております。

世間に左右されぬ「自由」の境地

「世間」とは差別《さべつ》（違い）を意味する。「出世間」とは、すなわち利害《りがい》や愛憎《あいぞう》、美醜や善悪などの差別を超出《ちょうしゅつ》して、それらへの執着《しゅうじゃく》から離《はな》れる意義であります。

仏教の最高峰《さいこうほう》といわれる法華経《ほけきょう》では、「令離諸著《りょうりしょじゃく》（諸《もろもろ》の執着から離れさせる）」等と記《しる》されております。とはいっても、仏典《ぶってん》の極理《ごくり》に、「離の字《り》をば明《あきらむ》とよむなり」とあるように、単に煩悩《ぼんのう》への執着を離れるのではなく、超出したより高い次元《じげん》から諸の煩悩《ぼんのう》を明らかに見て、使いこなしていく、強い主体《しゅたい》の確立《かくりつ》こそが、「出世間」の真義《しんぎ》であります。

ニーチェのような〝善悪の彼岸《ひがん》〟の住人が、「レオナルドは東洋を知っている」と喝破《かっぱ》しているのも、こうした〝超俗〟のかたちへの親近と無関係ではないと思われます。その親近《しんきん》は、仏教にあっても、レオナルドにあっても、〝超俗《ちょうぞく》〟及び「出世間」の心が、しばしば鏡《かがみ》に譬《たと》えられている点からも察することができます。

この「自己を統御《とうぎょ》する意志」ということで、ロシアの文学者メレシコーフスキーのレオナルド伝に、私の忘《わす》れ得ぬ一幕《ひとまく》があります。

この評伝《ひょうでん》は、作者の想像力《そうぞうりょく》による創作《そうさく》部分も多いようでありますが、主君イル・モーロ軍がフランス軍に滅《ほろ》ぼされる戦闘《せんとう》の様子を、レオナルドが愛弟子《まなでし》とともに丘の上から眺《なが》めているこの部分は、いかにもレオナルドらしい面目《めんぼく》を躍如《やくじょ》とさせており、迫真力《はくしんりょく》をもって迫《せま》ってまいります。

「彼らはもう一度、砲火《ほうか》を交じえている遠い煙《けむり》の塊《かたまり》を眺《なが》めた。今その煙は無限の平野の末《すえ》に、おそろしく小さいものに見えた」（『レオナルド・ダ・ヴィンチ――神々の復活』米川正夫訳、河出書房新社）

「祖国《そこく》、外交、名誉《めいよ》、戦争、国の興亡《こうぼう》、国民の叛乱《はんらん》――人間にとって偉大《いだい》に、物々《ものもの》しく思われるこういったこともすべて、永遠《えいえん》のはればれしい大自然のなかにおける、あの一団の煙に等《ひと》しいではないか？　夕日の光に溶《と》けていく煙の一小塊《いちしょうかい》と、何ら択《えら》ぶところはないではないか？」（同前）と。

まさに、統御された心の鏡に映《うつ》し出された、みすぼらしくも矮小《わいしょう》な戦争の実像《じつぞう》でありますす。「宇宙的ヒューマニズム」の巧《たく》まざる顕現《けんげん》であります。

私どもは仏法を基調《きちょう》にして、国連支援《しえん》をはじめ、様々《さまざま》な平和・文化運動を推進しております。

それは、端的《たんてき》に、「人間革命を第一義に社会の変革《へんかく》へ」と標榜《ひょうぼう》しておりますが、レオナルドにおける「自己を統御する意志」は、私どもの「人間革命」と深く通じていると私は信じております。

制度や環境《かんきょう》など、人間の〝外面〟にのみ、目を向け続け、あげくの果《は》ては民族紛争《ふんそう》の噴出《ふんしゅつ》する惨憺《さんたん》たる結末《けつまつ》を迎《むか》えている、世紀末の人類にとって、自己の〝内面〟をどう統御《とうぎょ》するかというところから出発するレオナルド的命題《めいだい》は、ますます重みを増《ま》してくるであろうと、私は確信しております。

「未完成の完成」を生きる

第二に、レオナルドにおける「間断《かんだん》なき飛翔《ひしょう》」ということを申し上げておきたい。人間が鳥のように大空を飛翔することは、あまりにも有名なレオナルドの夢でありましたが、彼の魂《たましい》もまた、生涯《しょうがい》を通して「間断なき飛翔」を繰《く》り返《かえ》しておりました。

「若いうちに努力せよ」(以下、『レオナルド・ダ・ヴィンチの手記』杉浦明平訳、岩波文庫)

「鉄が使用せずして錆《さ》び、水がくさりまたは寒中《かんちゅう》に凍《こお》るように、才能も用《もち》いずしてはそこなわれる」

「倦怠《けんたい》より死を」

「ありとあらゆる仕事もわたしを疲《つか》らせようとはしない」等々の言葉は、この天才がまた希代《きたい》の努力精励《せいれい》の人でもあったことを物語っております。

「最後の晩餐《ばんさん》」の制作中など、日の出から夜遅《おそ》くまで、飲まず食べずで仕事に没頭《ぼっとう》しているかと思うと、三日も四日も絵に手をつけずに、行きつ戻《もど》りつ思索《しさく》にふけり続けることもあったという。

この、すさまじいばかりの集中力《しゅうちゅうりょく》。にもかかわらず、こうした創作《そうさく》への執念《しゅうねん》とは裏腹《うらはら》に、レオナルドの創作で完成されたものは、周知《しゅうち》のように、ごく少ない。絵画《かいが》においても、極端《きょくたん》な寡作《かさく》のうえ、そのほとんどが、未完成のままであります。

「万能《ばんのう》の天才」らしく、そのほかにも彫刻《ちょうこく》、機械や、武器の製作《せいさく》、土木工事など、驚《おどろ》くべき多芸多才《たげいたさい》ぶりを発揮《はっき》しておりますが、見果《みは》てぬ夢でしかなかった人力飛行《じんりきひこう》に象徴《しょうちょう》されるように、おおむねアイデア倒《だお》れ、意図《いと》倒れに終わっているようであります。

特徴的《とくちょうてき》なことは、レオナルドは、それに何ら痛痒《つうよう》は感じないらしく、未完《みかん》を苦《く》にするのでもなく、未練《みれん》をもつ様子もなく、恬淡《てんたん》として、他へと念頭《ねんとう》を転じてしまうのであります。

傍目《はため》には未完成に見えても、おそらく彼には、ある意味で完成しているのであり、いわば「未完成の完成」ともいうべき相乗《そうじょう》作用であったにちがいない。そうでなければ、創作《そうさく》への執念《しゅうねん》と、おびただしい未完成との落差《らくさ》は、理解に苦しむといえましょう。

しかし「未完成の完成」は、同時に「完成の未完成」であった。

ルネサンスの時代精神は、「全体」「総合」「普遍《ふへん》」などと形容《けいよう》されますが、レオナルドにあっても、無限《むげん》に広がり生成流動《せいせいりゅうどう》しゆく、宇宙生命ともいうべき全体性、普遍性《ふへんせい》の世界――かつてヤスパースが「一切《いっさい》がそれに奉仕《ほうし》せねばならぬ全体」と呼んだ包括的《ほうかつてき》な世界が、まず予感されていたはずであります。

創作活動とは、絵画《かいが》や彫刻《ちょうこく》であれ、工作機器や建築、土木の類《たぐい》であれ、そうした全体性、普遍性の世界を、巨腕《きょわん》を駆使《くし》しながら個別性《こべつせい》のなかに写し取ってくる創造《そうぞう》の営《いとな》みでありました。

すなわち、不可視《ふかし》の世界の可視化であった。従って、いかに完成度を誇《ほこ》る傑作《けっさく》であっても、個別の世界の出来事であるかぎり、未完成であることを免《まぬか》れえない。人はそこに安住していてはならず、新《あら》たなる完成を目指して「間断《かんだん》なき飛翔《ひしょう》」を運命づけられているのであります。

ブッダが最後に残したのも、「もろもろの事象《じしょう》は過ぎ去《さ》るものである。怠《おこた》ることなく修行《しゅぎょう》を完成なさい」という言葉でありました。

大乗《だいじょう》仏教の精髄《せいずい》も、「月月・日日につより《強》給《たま》へ・すこしもたゆむ《撓》心あらば魔《ま》たよりをうべし」(「聖人御難事」御書一一九〇ページ)と、更にまた、「譬《たと》えば闇鏡《あんきょう》も磨《みが》きぬれば玉と見ゆるが如《ごと》し、只今《ただいま》も一念無明《むみょう》の迷心は磨かざる鏡《かがみ》なり是《これ》を磨かば必ず法性真如《ほっしょうしんにょ》の明鏡《みょうきょう》と成るべし」（「一生成仏抄」御書三八四ジペー）と、生命の本然的《ほんねんてき》なありかたを示しております。

「未完成の完成」から「完成の未完成」へ――ゆえに両者の相乗《そうじょう》作用とは、ダイナミックに生成流動《せいせいりゅうどう》しゆく生命の動き、現実の動きそのものといってよい。

「経験の弟子《でし》レオナルド・ヴィンチ」（『レオナルド・ダ・ヴィンチの手記』杉浦明平訳、岩波文庫）と宣言《せんげん》し、一切の先入観《せんにゅうかん》を排《はい》して現実の動きを凝視《ぎょうし》し続ける彼は、従って、現実を固定化《こていか》してしまいがちな言語の働きには、不信《ふしん》と敵意《てきい》すら抱《いだ》いていた。「絵画《かいが》」を強調《きょうちょう》し、「言語」を難《なん》ずるレオナルドの特異《とくい》な言語批判《ひはん》は、私に、大乗《だいじょう》仏教・中興《ちゅうこう》の論師《ろんし》である竜樹菩薩《りゅうじゅぼさつ》の洞察《どうさつ》を想起《そうき》させるのであります。

彼もまた、仏教の根本《こんぽん》を成す〝縁起《えんぎ》の法〟すなわち〝空《くう》〟に関して、「滅《めつ》することもなく、生《しょう》ずることもなく、断滅《だんめつ》もせず、恒常《こうじょう》でもなく、単一でもなく、複数でもなく、来ることもなく、去《さ》ることもない相互依存性《そうごいそんせい》（縁起）は、言語の虚構《きょこう》を超越《ちょうえつ》し、至福《しふく》なるものであるとブッダは説《と》いた」と称《たた》えながら、現実の固定化、実《じつ》体化《たいか》に陥《おちい》りがちな言語の虚構性を鋭《するど》くえぐり出しております。

言語による固定化が、完成と未完成のダイナミックな相乗作用を失《うしな》わせ、かりそめの「安定」を恒久的《こうきゅうてき》なものと錯覚《さっかく》させてしまうのであります。レオナルドも竜樹も、そうした「安定」は、易《やす》きにつこうとする怠惰《たいだ》な精神の格好《かっこう》の温床《おんしょう》となるであろう、と警鐘《けいしょう》を鳴《な》らしているようであります。

「性急《せいきゅう》は愚《おろ》かさの母である」（下村寅太郎『レオナルド・ダ・ヴィンチ』勁草書房）とのレオナルドのさりげない箴言《しんげん》も、こうした背景《はいけい》のもとで初めて、秀抜《しゅうばつ》なる光彩《こうさい》を放ってくるのではないでしょうか。

それはまた、言葉によって描《えが》き出されたユートピアの青写真を実体《じったい》と錯覚《さっかく》し、そこへ向けて「性急」に走り続ける、急進《きゅうしん》主義の危険性《きけんせい》をも照射《しょうしゃ》しております。あらゆる政治的、社会的諸問題と同様、国連の活性化にあたっても、急進主義は禁物《きんもつ》であります。

それは国連への「過信《かしん》」であり、「過信」は、ちょっとしたつまずきで、容易《ようい》に「不信」に転じてしまう。

その結果、〝ゆあみの水と一緒に、子どもまで捨ててしまう〟「愚《おろ》かさ」を犯《おか》すことは、必定《ひつじょう》でありましょう。レオナルド的歩《あゆ》みの必須《ひっす》なるゆえんであります。

以上、「自己を統御《とうぎょ》する意志」「間断《かんだん》なき飛翔《ひしょう》」の二点にしぼり、仏教の知見《ちけん》とも関係づけながら、私なりにレオナルドの精神的遺産《いさん》にアプローチを試《こころ》みさせていただきました。

「民衆《みんしゅう》の声を生かす人類の議会」へ

かつて、ルネサンス研究の大家ブルクハルトは「偉人《いじん》とはその人がいなければこの世界は何かが欠けているように私達に思われる人々のことである」(『世界史的諸考察』藤田健治訳、岩波文庫)と述べておりましたが、レオナルドは、まさにこのような偉人として、イタリア・ルネサンスに不滅《ふめつ》の光芒《こうぼう》を放っております。

と同時に、当時は「孤高《ここう》の人」「独歩《どっぽ》の人」であったレオナルド的なるものが、世紀末のカオスの真っただ中にある今日《こんにち》ほど、求められる時期もないと思います。国連を軸《じく》にした、新《あら》たなグローバルな秩序《ちつじょ》の形成《けいせい》も、結局のところ、それを担《にな》うに足るコスモポリタンを、どれだけ輩出《はいしゅつ》できるかに、かかっているからであります。

「われら連合国の人民は」という一節で始まる、あの国連憲章《けんしょう》が象徴《しょうちょう》するように、民衆こそが主体《しゅたい》であり、人間こそが根本《こんぽん》であります。

ゆえに、世界市民の更なる力《ちから》の結集によって、国連を、「民衆の声を生かす人類の議会」へと高めてまいりたいのであります。ともに、生きとし生けるものの証《あかし》とは一体、何か。人間としての価値《かち》は一体、どこにあるのか。国と国、民族と民族の親善友好《しんぜんゆうこう》は、何がポイントか。

その地下水脈《ちかすいみゃく》に、文化というものをみなぎらせ、また異文化《いぶんか》を認めながら交流《こうりゅう》を深めていく、新しき人間主義の脈動《みゃくどう》が、必要となってきております。

これこそ、まさしく、貴《き》大学の意義深き九百年祭の折《おり》、我が創価大学も署名《しょめい》させていただいた、あの「大学憲章」で、高らかに宣言《せんげん》されている理念でありましょう。

私も仏法の立場から、レオナルドの遺産《いさん》を継承《けいしょう》しつつ、皆さま方《がた》とともに、その人類史の新たな夜明けに向けて、走り抜いていく決意であります。

終わりに、「学問の偉大なる母」たる貴大学のますますの栄光を祈りつつ、貴大学とゆかりの深い大詩人《だいしじん》ダンテの『神曲《しんきょく》』の一節を申し上げ、私の講演とさせていただきます。

「恐《おそ》れるな」
「安心するがよい。
私たちは　だいぶ先まできたのだ、ひるまずに、
あらゆる勇気を　ふるい起こすのだ」
（野上素一訳、『世界古典文学全集』35所収、筑摩書房）
ご清聴《せいちょう》、ありがとうございました。グラッチェ。
（1994年6月1日　イタリア、ボローニャ大学）

深圳大学記念講演

「人間主義」の限りなき地平

深圳大学（中国）

尊敬《そんけい》する深圳《しんせん》市人民政府副市長・張鴻義《ちょうこうぎ》先生、尊敬する深圳大学学長・蔡徳麟《さいとくりん》先生、ご列席の諸先生並びに学生の皆さま。「開放中国」をリードしゆく若き知性《ちせい》の学府である、ここ深圳大学におきまして、講演の機会《きかい》を与えていただき、私は最大の光栄と思っております。

中国正月を前にお休みのところ、このようにご参集くださり、心からの感謝と敬意《けいい》を表します。

また、こうして若き学生の皆さまとお会いでき、本当にうれしい。青春には「希望」があります。「無限《むげん》」があります。「詩《し》」があり、「友愛《ゆうあい》」があります。皆さまの未来は、限りなく広がり、光彩《こうさい》を放っております。

また昨一九九三年十一月、蔡《さい》学長にご来日いただき、貴《き》大学の名誉教授の称号《しょうごう》を賜《たまわ》ったことは、私にとりまして、生涯《しょうがい》の栄誉《えいよ》となりました。ここに改《あらた》めて、衷心《ちゅうしん》より御礼を申し上げます。更にその折《おり》、貴大学と創価大学との間に学術交流《こうりゅう》協定が結ばれました。末永《すえなが》き友好《ゆうこう》への第一歩をしるしたことを、皆さまとともに喜び合いたいと思います。

私が深圳《しんせん》の地を訪《おとず》れたのは、ちょうど二十年前、一九七四年五月のことでありました。

二十星霜《せいそう》を経《へ》て、今再び、この地を訪問し、その輝《かがや》かしいばかりの大発展《だいはってん》、たくましいバイタリティーの躍動《やくどう》に、目を見張《みは》る思いがいたしました。

林立《りんりつ》する高層《こうそう》建築、近代的《きんだいてき》に整備《せいび》された美しい道路、アジア各国から訪れ、快活《かいかつ》に街《まち》を行き交《か》う人々……。貴国の繁栄《はんえい》と日中両国の友好を願い、行動してきた一人として、心からうれしく感じる次第であります。

さて、旧《きゅう》ソ連、また東欧圏《けん》を見舞った大激震《だいげきしん》によって、世界は、ポスト冷戦《れいせん》といわれる時代を迎《むか》えております。

しかし〝米ソによる平和〟という冷戦の枠組《わくぐ》みが取り払《はら》われたあと、人類は、どのような平和的な世界システムを構築しようとしているのか、一向《いっこう》に明《あき》らかではありません。善悪《ぜんあく》は別として、ともかくも紛争拡大《ふんそうかくだい》の抑止力《よくしりょく》となってきた超大国《ちょうたいこく》の力に代わり、何をもって、続発《ぞくはつ》する地域紛争を防止《ぼうし》し、平和へのステップとしていくのでありましょうか。

国連といっても、まだまだ力《ちから》不足であり、ソマリアPKO（平和維持《いじ》活動）に見られるように、ややもすると国連の名のもとに、地域紛争《ふんそう》の泥沼《どろぬま》にはまり込んでいく危険《きけん》さえあります。率直《そっちょく》にいって、世紀末の今日《こんにち》、数年前の、あの民主化の沸《わ》き立つような潮流《ちょうりゅう》とは逆に、民族や宗教がらみの、あとを絶《た》たぬ争乱《そうらん》を前に、途方《とほう》に暮《く》れ、手をこまねいている人が大多数なのではないでしょうか。

私は、昨年末、東京で国連のガリ事務総長と会談し、国連の未来構想《こうそう》など、種々語り合いました。総長をはじめ、袋小路《ふくろこうじ》の国際情勢に突破口《とっぱこう》を見いださんと努力されている、多くの人々の労苦の汗《あせ》を、私は大変尊《とうと》く思いますし、私どもも民間次元《じげん》で、できうるかぎり協力、応援してまいりたいと思います。

それと同時に、この世紀末を覆《おお》う暗雲《あんうん》のよってきたる根源《こんげん》は、どこにあるのか、というマクロ（巨視《きょし》）的視点《してん》も、おろそかにしてはならないでありましょう。

私が対談したトインビー博士が「究極《きゅうきょく》において歴史を作る水底《すいてい》のゆるやかな動き」と名付けた深い流れに、耳をそばだてていかなければ、二十一世紀を展望《てんぼう》することは不可能だからであります。こうした課題《かだい》を眼前《がんぜん》にするとき、すぐさま私どもの目に飛び込んでくるのは、世界とりわけ欧米先進諸国に顕著《けんちょ》な、未来世紀への海図《かいず》も羅針盤《らしんばん》もなく右往左往《うおうさおう》する人々の、まことに荒涼《こうりょう》たる心象《しんしょう》風景ではないでしょうか。

かつて、マックス・ウェーバーは、資本主義の興隆《こうりゅう》をもたらした宗教的原因を分析《ぶんせき》した有名な書物の末尾《まつび》で、ほかならぬその資本主義の爛熟《らんじゅく》した社会に、傲《おご》り高ぶった「精神のない専門人《せんもんじん》」（『プロテスタンティズムの倫理《りんり》と資本主義の精神』梶山力・大塚久雄訳、岩波文庫）や「心情のない享楽人《きょうらくじん》」（同前）の登場を予感しつつ、事実そうなるかどうかは「誰《だれ》にもわからない」と慎重《しんちょう》に留保《りゅうほ》しました。しかし、不幸にも、彼の心配は、杞憂《きゆう》に終わらなかったようであります。

現代社会は、人種問題をはじめ、麻薬《まやく》、暴力《ぼうりょく》、教育荒廃《こうはい》、家庭崩壊《ほうかい》などに苛《さいな》まれ、いたる所に欲望《よくぼう》や本能の地肌《じはだ》をのぞかせてしまっている。そういう現状ではないでしょうか。

数年前、フランシス・フクヤマの『歴史の終わり』（渡部昇一訳、三笠書房）が、冷戦《れいせん》終結時というタイミングもあって、世界的な話題を呼びました。

彼は、その中で「歴史の終わり」に登場する「最後の人間」像《ぞう》を、ニーチェの言葉を借《か》りながら、「リベラルな民主主義は『胸郭《きょうかく》（＝胸部《きょうぶ》の骨格《こっかく》）のない人間』、すなわち、『欲望』と『理性』だけでつくられていて『気概《きがい》』に欠けた人間、長期的な私利私欲《しりしよく》の打算を通じてくだらない要求を次々に満《み》たすことにかけては目端《めはし》の利《き》く人間を産《う》み落としたのだ」と述べております。

言うところの「欲望」がウェーバーの言う「享楽人《きょうらくじん》」に、「理性」が「専門人《せんもんじん》」に通じていることは申すまでもありません。

問われているのは、詰《つ》まるところ人間なのであります。現代文明の危機《きき》の本質は、まさしく人間が人間であるための条件が揺《ゆ》れ動き、見失《みうしな》われつつあるがゆえの「人間の危機」であり、「人間性の危機」なのであります。

そこで、私は、近年とみに脚光《きゃっこう》を浴びつつある東アジア、特に中国三千年の歴史に脈々《みゃくみゃく》と流れ続けている、独自《どくじ》の「人間主義」の水脈《すいみゃく》ともいうべきものに目を向けてみたいのであります。貴国《きこく》の最近の目覚《めざ》ましい経済発展《はってん》は、世界の人々を瞠目《どうもく》させておりますが、私は、その遠因《えんいん》として、この「人間主義」の要因《よういん》を無視《むし》することはできないと信じている一人であります。

今から二十年近く前、中国学の世界的権威《けんい》であるイギリスのジョセフ・ニーダム氏は、香港《ホンコン》大学の名誉博士号の受章に際《さい》して、講演をされました。

その中で博士は、神々の黄昏《たそがれ》を迎《むか》えている現代にあっては、「超《ちょう》自然的なものの認可《にんか》によって支持されることの一切《いっさい》なかったところの、ひとつの倫理《りんり》的《てき》な考え方、ひとつの倫理的モデル」(『理解の鋳型《いがた》――東西の思想経験』井上英明訳、法政大学出版局)が追求されるべきであるとして、その点、「中国文化には世界に通じる非常に貴重《きちょう》な贈《おく》り物がある」と喝破《かっぱ》しております。

「超自然的なもの」の代表格は、いうまでもなくキリスト教の神であります。欧米社会における倫理的な考え方やモデルは、本来「超自然的なもの」の認可《にんか》や支持、つまり神との約束事のうえに成り立ってまいりました。倫理とは、人間同士《どうし》の約束事である前に、神の僕《しもべ》である一人の人間が、神との間にかわす約束事であったのであります。

例えば、ベンジャミン・フランクリンに有名な十三の徳目《とくもく》――「節制《せっせい》」「沈黙《ちんもく》」「規律《きりつ》」「決断」「倹約《けんやく》」「勤勉《きんべん》」「誠実《せいじつ》」「正義」「適度」「清潔」「落ち着き」「貞節《ていせつ》」「謙遜《けんそん》」があります。それらは、ギリシャ哲学やキリスト教思想を背景《はいけい》にしているとはいえ、多くの点で、東洋の伝統的《でんとうてき》な美徳《びとく》とも共鳴《きょうめい》し合う普遍性《ふへんせい》をもっております。儒学《じゅがく》でいう「仁《じん》・義《ぎ》・礼《れい》・智《ち》・信《しん》」に比べても異質《いしつ》のものではありませんし、明治時代の日本で、フランクリンが、福沢諭吉《ふくざわゆきち》をはじめ各界各層《かっかいかくそう》の実に多彩《たさい》な人々から、理想的《りそうてき》人間像として熱烈《ねつれつ》に受け入れられてきたことをみても明らかでありましょう。

とはいえ、彼我《ひが》を隔《へだ》てる重要な一点は、「神との約束」の有無《うむ》であります。

十三の徳目は、アメリカ資本主義の勃興期《ぼっこうき》のエートス（道徳的気風《きふう》）を典型的《てんけいてき》に体現《たいげん》したものですが、それを支《ささ》えていたのは、禁欲《きんよく》に徹《てっ》し富を蓄《たくわ》えることが、神の心にかない、神の栄光の証《あかし》になるのだという信仰であります。

確《たし》かに、その信仰は、フランクリンなど自制心《じせいしん》と博愛《はくあい》の情に富《と》んだ、多くの魅力《みりょく》ある人間群像《ぐんぞう》を生み出しました。

しかし、それから百年、二百年を経過《けいか》し、神への信仰が徐々《じょじょ》に薄《うす》れてくるにつれ、それとセットになっていた人間の徳目も色あせてこざるを得なくなったのであります。その結果、到来《とうらい》した、モラルなき産業社会の実情《じつじょう》は、先にフクヤマの「最後の人間」に垣間見《かいまみ》たとおりであります。

だからこそ、時代は、神など「超自然的なもの」の認可や支持などをあてにしない、人間性に即《そく》した倫理規範《きはん》を要請《ようせい》しているのであります。

二十一世紀の光源＝人間主義的モラル

そこで、私は、貴《き》大学のモットーである、「自立」「自律《じりつ》」「自強」に着目したいのであります。

自《みずか》ら立ち、自ら律し、自分の意志を強くもって勉《つと》める——そこに志向《しこう》されているものは、将来、中国を担《にな》って立つ、強靭《きょうじん》にして屹立《きつりつ》した人格の一人一人に、との気概《きがい》でありましょう。

しかし、そこでいう「自」とは「自分」「自己」「自身」などと造語されているとはいえ、欧米の伝統《でんとう》に根《ね》強い「個」とは、かなり違うようであります。「個」が、分割《ぶんかつ》不可能な最小単位としての孤立《こりつ》した個人を意味するのに対し、「自」という文字は、決して一人に限定されない、自在《じざい》な深まりと広がりを帯《お》びている。

宋代《そうだい》、明代《みんだい》の中国思想史に通じた、コロンビア大学のドバリー教授は、「自然」「自得《じとく》」「自任」などの言葉を考察《こうさつ》しつつ、「彼らの議論の中に頻出《ひんしゅつ》する『自』を伴《ともな》った複合語《ふくごうご》を採集《さいしゅう》することによって、新儒学《しんじゅがく》の倫理学用語辞典《じてん》を作ることも可能」(『朱子学《しゅしがく》と自由の伝統』山口久和訳、平凡社選書)と感嘆《かんたん》しているほどであります。

辞典を編《あ》みうるほどに絢爛《けんらん》そして多彩《たさい》な倫理模様《もよう》を織《お》り成す背後《はいご》には、中国伝統の骨太《ほねぶと》の人間観が横たわっているように思われます。

申すまでもなく、漢字の「人」は、人間と人間とが互いに支《ささ》え合っている様《さま》を示しており、中国思想の最大のキー・ワードである、「仁《じん》」も「人」と「二」から構成され、「人」が互いに向き合い、意を通じ合い、愛し合うことを意味している。すなわち、一人きりの人間というものはあり得ない。

人間は互《たが》いに繋《つな》がり合って一個の有機体《ゆうきたい》を成し、しかもその繋がりは、人間の世界にとどまらず、自然界や宇宙へと広がり、万物《ばんぶつ》が渾然一体《こんぜんいったい》となった有機的全体像を構成している――要約《ようやく》していえば、これが、宋代朱子学などに色濃《いろこ》く体現《たいげん》されている、中国伝統の人間観、自然観であると思うのであります。

それはまた、人間や事物の個別観よりも、関係性や相互依存性《そうごいそんせい》を重んずる、仏教の「縁起観《えんぎかん》」とも深く通じ合っていることを申し添《そ》えておきたい。

蔡《さい》学長は、「東西文化交流《こうりゅう》と二十一世紀」と題する論文の中で、こうした深き哲学性に基づく東洋文化の復興《ふっこう》が、国際関係を更なる協調へリードしゆくことを予見されております。私も、この希望を共有《きょうゆう》する一人であります。

かくして、有機的《ゆうきてき》人間観にあっては、森羅万象《しんらばんしょう》ことごとく人間に無関係なものはない。すべては、人間いかに生くべきか、との問いに即《そく》して位置を与えられている。いうなれば、人間主義に基づく〝等身大《とうしんだい》〟の思考方法であります。

すなわち、〝人間のための科学〟〝人間のための政治、経済、イデオロギー〟というように、常に人間という原点《げんてん》に立ち返り、〝等身大〟の寸法《すんぽう》に合わせて、あらゆる事象《じしょう》の意味、善悪《ぜんあく》、過不足が検証《けんしょう》されていく立場といってよいでありましょう。こうした人間主義は、東洋的発想《はっそう》全般に見られますが、中国思想は、その典型であります。

孫文《そんぶん》という人は、その人間主義の最も良質《りょうしつ》なセンスの持ち主ではなかったかと思われます。『三民主義』のなかに、「自由」に関するユニークな考察《こうさつ》があります。

「こんにち、この自由という言葉はけっきょくどういうふうに使わねばならないのか。もし個人に使うならば、ひとにぎりのバラバラな砂《すな》となってしまう」（『三民主義』安藤彦太郎訳、岩波文庫）

迂闊《うかつ》に読むと、まるで権力志向《けんりょくしこう》の国家主義者が発言しているようにも思いかねません。しかし、このくだりは「民権《みんけん》」を論ずるなかに出てくる、まぎれもない自由主義者の発言であります。ただ、孫文にとっての自由とは、書物や観念《かんねん》のなかにあるのではなく、民衆《みんしゅう》の生活意識、生活実感という現実のなかにのみ脈打《みゃくう》つものであった。

従って、抽象的《ちゅうしょうてき》、画一《かくいつ》的にすべてに適用《てきよう》される自由などは絵空事《えそらごと》であり、それを無理に現実に押しつけようとすると、早晩《そうばん》、適応異常《てきおういじょう》を起こして、〝等身大《とうしんだい》〟の寸法《すんぽう》を大きく逸脱《いつだつ》してしまうだろう、と見ていたのであります。とまれ、自由の実像というものは、生きた現実のなかに探《さぐ》り当て、築《きず》き上げていく以外にないのであります。

孫文《そんぶん》が、「ある目標をたててみんなに奮闘《ふんとう》させるには、人民が痛切《つうせつ》に皮膚《ひふ》に感じているものでなくてはならない」（『三民主義』安藤彦太郎訳、岩波文庫）と述べているように、人間の現実とは、民衆の生活実感の異名《いみょう》であり、そこから切り離《はな》されてしまえば、「人間のための自由」ではなく、「自由のための人間」という本末転倒《ほんまつてんとう》に陥《おちい》ってしまうからであります。

「社会主義市場経済」は人類史的実験

中国の人々の、こうした現実感覚を特徴《とくちょう》づけているのは、論理的に矛盾《むじゅん》しているように見えるものでも、即座《そくざ》に排斥《はいせき》しあうのではなく、矛盾や不条理が様々《さまざま》に交錯《こうさく》している人間社会の全体像のなかへ大きく抱《かか》え込み、実践《じっせん》を通して、より良き選択肢《せんたくし》を模索《もさく》していく、柔軟《じゅうなん》かつ懐《ふところ》の深い人間主義的発想《はっそう》だと思うのでありまず。換言《かんげん》すれば、二者択一《たくいつ》の部分観ではなく、中国伝統《でんとう》の大同《だいどう》思想にも通底《つうてい》した、止揚合一《しようごういつ》の全体観であります。自由という言葉の鼓動《こどう》をば、書物の中ではなく、刻々《こっこく》と変化しゆく現実のなかに聞き取っていた孫文の自由観は、まさしくこの全体観に発していたのではないでしょうか。

こうした発想は、現在、貴国《きこく》が選択《せんたく》している〝社会主義市場経済〟にも巧《たく》まずして反映《はんえい》されているように、私には思えてなりません。一昨年の秋、この体制が採用《さいよう》されて以来、内外で様々な議論がなされました。

確《たし》かに一面から見れば、計画経済を本領《ほんりょう》とする社会主義と、資本主義の揺籃《ようらん》であった市場経済を結《むす》びつけることは、木に竹を継《つ》ぐような無理難題《なんだい》に見えるかもしれません。事実、そうしたシニカル（冷笑的《れいしょうてき》）な議論も数多くありました。

しかし、私は、速断《そくだん》や短見《たんけん》は慎《つつし》むべきであると思っております。政治や経済から次元《じげん》を転じて、物事を止揚《しよう》合一《ごういつ》の全体観で捉《とら》える人間主義の光を当ててみると、〝社会主義市場経済〟も、よほど異《こと》なった相貌《そうぼう》を呈《てい》してくるはずだからであります。

鄧小平閣下《とうしょうへいかっか》は、株式や証券などの市場的要素の導入について、かの『南方講話』の中で、ざっくばらんに語っています。

「許可して、断固《だんこ》として実践《じっせん》してみよ。正しかったら、一、二年やって正しかったら自由化しよう。正しくなかったら、是正《ぜせい》し、やめるまでのことだ。やめるのも、すぐやめてもよいし、ゆっくりやめてもよいし、尻尾《しっぽ》を残しておいてもよい。何を恐《おそ》れるのか。この態度を堅持《けんじ》すれば、どうということはない。大きな誤《あやま》りを犯《おか》すはずはない」と。

まことに柔軟《じゅうなん》かつ懐《ふところ》の深い対応《たいおう》の仕方と言い得ましょう。私も、第二次並びに第三次訪中《ほうちゅう》の折、鄧小平閣下と二回にわたり対話を重《かさ》ね、中国の「発展《はってん》」と「繁栄《はんえい》」への展望《てんぼう》をうかがいました。そのことを鮮明《せんめい》に覚《おぼ》えております。

〝等身大《とうしんだい》〟の物差《ものさ》しを自在《じざい》に使いながら、〝社会主義市場経済〟の適否《てきひ》を判断し、調整《ちょうせい》を加えていく方法は、経済に人間が翻弄《ほんろう》されることなく、あくまで〝人間のための経済〟を貫《つらぬ》こうという、優《すぐ》れて人間主義的な発想《はっそう》であります。そうした慎重《しんちょう》な方法は、市場経済にしても一挙《いっきょ》に導入《どうにゅう》しようとせず、深圳《しんせん》などの特区を試験的に先《せん》行《こう》させ、その成否《せいひ》を見極《みきわ》めながら徐々《じょじょ》に改革《かいかく》を進めていく漸進《ぜんしん》主義的手法にも、はっきりと、うかがい知ることができます。

そうであるならば、〝社会主義市場経済〟という、一見、奇異《きい》に思える取り合わせも、多くの困難《こんなん》を抱《かか》えた中国が、試行錯誤《しこうさくご》を繰《く》り返《かえ》しながら、なおかつ、歴史の淘汰《とうた》作用によるマイナスを最小限《さいしょうげん》にとどめ、社会の安定と成長を図《はか》っていくための、ぎりぎりの選択《せんたく》であったにちがいないと思っております。

人口や版図《はんと》など貴国《きこく》の巨大さを考えれば、それは、掛《か》け値《ね》なしに二十一世紀の命《めい》運《うん》を左右する人類史的実験であります。世界は固唾《かたず》を飲んでその動向《どうこう》を見守っておりますし、私も古い友人の一人として、成功を祈らずにはおられません。（大拍手）

結局、一切《いっさい》は人間に始まり、人間に帰着《きちゃく》します。経済にしても、例えば儒学《じゅがく》の〝徳本財末論《とくほんざいまつろん》〟の良き伝統《でんとう》が示すような〝等身大《とうしんだい》〟のコントロールが働いていかなければ、世界に蔓延《まんえん》する世紀末病《せいきまつびょう》ともいうべき拝金《はいきん》主義の風潮《ふうちょう》を助長《じょちょう》させるだけでありましょう。

ニーダム氏が「倫理的な考え方」「倫理的モデル」（『理解の鋳型』――東西の思想経

験　井上英明訳、法政大学出版局）と言うとき、そうした風潮へのアンチ・テーゼ（反対の思潮《しちょう》）を強く期待しておりました。

また、トインビー博士が「中国こそ、世界の半分はおろか世界全体に、政治統合《とうごう》と平和をもたらす運命を担《にな》っている」と言うとき、貴国の歴史が蓄《たくわ》えてきた人間主義的モラルの力《ちから》を、はっきりと予想していたのであります。

今、中国の経済発展《はってん》の最先端《さいせんたん》をいく深圳《しんせん》の地で、「自《みずか》ら立ち」「自ら律《りつ》し」「自ら強め」ながら、二十一世紀へと鳳《おおとり》のごとく飛翔《ひしょう》しゆく皆さま方《がた》の目指すものは、必ずやニーダム博士やトインビー博士の思い描《えが》いていたそれとピタリと符合《ふごう》する、「人間主義」の限りなき地平《ちへい》であろうことを私は信じてやみません。

終わりに、敬愛《けいあい》する皆さま方への私の心情を、貴国の大詩人である白居易《はくきょい》の詩《し》の一節に託《たく》し、私の話とさせていただきます。

「賢《けん》に交わること　まさに汲汲《きゅうきゅう》として　直《ちょく》を友として　つねに偲偲《しし》たり」（良き友

との交流に全力を尽《つ》くし、正直な人を友として、つねに励《はげ》ましあう)
ご清聴《せいちょう》、ありがとうございました。謝謝《シエシエ》。

(1994年1月31日　中国、深圳大学)

新しき統合原理を求めて

クレアモント・マッケナ大学記念講演

クレアモント・マッケナ大学（アメリカ）

本日、洋々たる未来性をはらんだクレアモント・マッケナ大学において、講演の機会《きかい》を与えられたことは、私の大いなる栄誉《えいよ》であり、スタークス学長をはじめ、関係者の方々のご尽力《じんりょく》に、深く感謝申し上げます。

さて、二十一世紀まで余すところわずか、世界は、いやまして世紀末の様相《ようそう》を深めつつあるようであります。離合集散《りごうしゅうさん》、統合《とうごう》と分離《ぶんり》を繰《く》り返《かえ》すのが歴史の常《つね》とはいえ、昨今の世界情勢《じょうせい》は、まやかしの統合原理であったイデオロギーが潰《つい》え去ったあと、民族や人種、様々《さまざま》な原理主義の台頭《たいとう》など、分離の力が際立《きわだ》っており、放置《ほうち》しておけば、冷戦後の世界は収拾《しゅうしゅう》のつかないカオス（混沌《こんとん》）さえ招く恐《おそ》れがあります。

東欧の解放《かいほう》、平和裏《へいわり》の統一ドイツの誕生《たんじょう》、湾岸《わんがん》戦争の終結等々、そのつど新《あら》たな国際秩序創出《ちつじょそうしゅつ》のための展望《てんぼう》が多く語られてまいりましたが、日ならずして夢は急速《きゅうそく》に色あせ、国連中心という大筋《おおすじ》での合意はあるものの、現状は、秩序へのあてどなき暗中模索《あんちゅうもさく》の段階にあるといってよいでありましょう。

それは、野焼《のや》きを終えたあとの、赤茶《あかちゃ》けた地肌《じはだ》に似《に》ております。その荒涼《こうりょう》たる大地に、みずみずしい新草《にいくさ》を敷《し》きつめるためにも、私どもは全力をあげて、新たな統合《とうごう》原理を探《さが》し当てていかねばならないと思うものであります。

とはいえ、人類は、ファシズムやコミュニズムといった偽《いつわ》りの統合原理の悪酔《わるよ》いから、まだ醒《さ》めたばかりであります。私は、旧ソ連の何人かの友人から、イデオロギーが人間に君臨《くんりん》し、食いものにしていく〝プロクルステスのベッド〟の譬《たと》えを聞きました。

そのイデオロギーのもとでの膨大《ぼうだい》な犠牲《ぎせい》を思えば、統合原理の模索は、慎重《しんちょう》のうえにも慎重を期さねばなりません。その意味からも、新たな統合原理は、人間を超越《ちょうえつ》したところにではなく、徹底《てってい》して人間に即《そく》して内在的に求められなければならないと思うのであります。

こうテーマを設定したとき、私の脳裏《のうり》に浮かぶのは、精神薬理学のパイオニアであるエルキース博士の鋭《するど》い洞察《どうさつ》であります。博士は、私どもの機関紙のインタビューに答えて次のように論じております。

「〝治癒《ちゆ》〟とは全体性の回復《かいふく》のことです。治癒（ヒーリング）と全体（ホール）と神聖《しんせい》（ホーリー）という言葉は語源《ごげん》を同じくしております。それは円満《えんまん》であること、すなわち、個人として調和がとれ、他者と調和がとれ、そして地球と調和がとれているることを意味します。痛《いた》みとは、部分が全体から切り離《はな》されたという警告《けいこく》なのです」と。

これは医学的な「痛み」の問題に限らず、病《や》める現代文明の総体にあって、人間の全体性が著《いちじる》しく損《そこ》なわれてしまっている点に病巣《びょうそう》の根源《こんげん》があるといえないでありましょうか。

人間の全体性、全人性《ぜんじんせい》――こうした言葉が私たちの想像力《そうぞうりょく》のなかで、生き生きとしたイメージを結《むす》ばなくなって、既《すで》に久しくなりました。ホモ・サピエンス（英知《えいち》人《じん》）、ホモ・エコノミクス（経済人《けいざいじん》）、ホモ・ファーベル（工作人《こうさくじん》）、ホモ・ルーデンス（遊戯《ゆうぎ》人《じん》）等の言葉の総称が全人性ともいえますが、それだけでは定義《ていぎ》を羅列《られつ》しているようで、いささか策《さく》に乏《とぼ》しい。意味が浅くなってしまうでしょう。

むしろ、全人性への希求《ききゅう》をたたみかけるように訴《うった》えているD・H・ロレンスの警世《けいせい》の書『アポカリプス論』の末尾《まつび》の文章のほうが、問題の輪郭《りんかく》を、より鮮《あざ》やかに浮かび上がらせているように思えてなりません。

「人間が最も激《はげ》しく冀求《ききゅう》するものは、その生ける完全性であり、生ける連帯性《れんたいせい》であって、己《おの》が《魂《たましい》》の孤立《こりつ》した救ひといふがごときものでは決してない」（『福田恆存飜譯全集』第三巻、文藝春秋）としつつ、ロレンスは、こう結びます。

「吾々《われわれ》の欲《ほつ》することは、虚偽《きよぎ》の非有機的《ひゆうきてき》な結合《けつごう》を、殊《こと》に金銭と相つらなる結合を打毀《うちこわ》し、コスモス、日輪《にちりん》、大地との結合、人類、國民、家族との生きた有機的な結合をふたたびこの世に打樹《うちた》てることにある。まず日輪と共に始めよ、さうすればほかのことは徐々《じよじよ》に、徐々に継起《けいき》してくるであらう」（同前）と。

このいかにも芸術家らしい激発《げきはつ》に対し、マルクスやシュンペーターにも比肩《ひけん》される巨視的《きよしてき》な社会動態分析《どうたいぶんせき》を行ったエドゥアルト・ハイマンのような、いかにも学者らしい幅広《はばひろ》い識見《しきけん》からも、同じような言葉を聞くことができるのであります。すなわちハイマンは、全人性や生の全体性を歪《ゆが》めることなき社会の発展《はつてん》を「有機的成長」とし、慎重《しんちよう》にこう述べております。

「『有機体』というこのつねに危険な比喩《ひゆ》をわれわれのいまの目的に使用することが許されるならば、社会『有機体』が生命をもって成育《せいいく》し変化し、それでいて同一性を維持《いじ》していく」（『近代の運命』野尻武敏・足立正樹訳、新評論）社会の謂《いい》である、と。

近代《きんだい》社会が、こうした「有機的成長」から著《いちじる》しく逸脱《いつだつ》していることは、申すまでもありません。

生きた「全人性《ぜんじんせい》」の回復こそ王道

全人性とは、過去の歴史や伝統《でんとう》を生き生きと今に蘇《よみがえ》らせ、かつまた宇宙的生命の律動《りつどう》を全身で呼吸しつつ脈動《みゃくどう》しゆく、一個の生気《せいき》あふれる生命体であります。そこでこそ人間は、真の充足感《じゅうそくかん》を、つまり足《た》ることを知った人の落ち着きや余裕《よゆう》、他者への思いやりや配慮《はいりょ》など、古来、人間が徳《とく》と呼んできたものを手にすることができるのではないでしょうか。

逆に歴史や伝統、他者や宇宙から切り離《はな》されてしまえば、彼を待っているものは、いつも末梢《まつしよう》神経の働きに引きずられているようないらだち、不安感、そして狂気《きようき》にさえつながりかねない、とめどもなき自己喪失感《そうしつかん》であるにちがいありません。

ニーチェが言う「最後の人間」としての現代人の姿は、近年、様々《さまざま》に論じられていますが、そのあまりにもみすぼらしい、歴史の勝利者と言うにはほど遠い、意気阻喪《そそう》させるようなイメージは、私には、そうした不安感や自己喪失感と表裏《ひようり》をなしているように思えてならないのであります。

実際「最後の人間」のイメージは、ロレンスが〝非有機的《ひゆうきてき》な、殊《こと》に金銭に連《つら》なる結合《けつごう》〟と断罪《だんざい》したそれと、酷似《こくじ》していると思うのであります。それが、現代流の「経済人」であるとすれば、かつてアダム・スミスが描《えが》き出した元祖「経済人」の何とはつらつとして生々躍動《せいせいやくどう》していることでありましょうか。

この「経済人」のイメージひとつ取り上げてみても、近代の進展《しんてん》にともなう全人性の損壊《そんかい》は、否定《ひてい》しようのない事実と思われます。

私は、こうした現状から、飢《う》えや疾病《しっぺい》との戦いなどに象徴《しょうちょう》される近代化のメリットを失《うしな》うことなく、全人性《ぜんじんせい》をどう復権《ふっけん》させていくかということこそ、猛威《もうい》を振《ふ》るう分離《ぶんり》の力《ちから》の勢いを鎮《しず》め、新たな統合《とうごう》原理を追求しゆく王道《おうどう》であり、迂遠《うえん》のように見えても、時代の病《やまい》への抜本的《ばっぽんてき》な治療《ちりょう》であると、信じている一人であります。

さて、そうした課題《かだい》に挑戦《ちょうせん》していくうえで大切なことは、第一に、漸進《ぜんしん》主義的アプローチ(接近)ともいうべきものであると思います。

一九九一年、旧《きゅう》ソ連において七十年間にわたる共産主義の実験が無残《むざん》な失敗に終わったとき、一部で〝ロシア人がフランス革命を終わらせた〟といった感想が語られていました。

ブルジョア革命たるフランス革命からプロレタリア革命たるロシア革命を一本の線でつなぎ、そこに歴史の継承的《けいしょうてき》進歩・発展《はってん》の軌跡《きせき》をたどろうとする見方が、ソ連邦の消滅《しょうめつ》によって、ほぼ息《いき》の根を止められたというのであります。

確《たし》かに、そうした感想には少なからぬ真実が含《ふく》まれており、一言にしていえば、歴史や人間に対する急進《きゅうしん》主義的アプローチの破綻《はたん》ではなかったか、と私は思っております。

いうまでもなく急進主義的アプローチとは、あらかじめ歴史の進歩・発展に対する合理的な青写真を描《えが》いておき、その理念や理論に合わせて現実を裁断《さいだん》し、作り変えていこうとする行き方であります。そこには十九世紀の理《り》性万能《せいばんのう》の風潮《ふうちょう》が色濃《いろこ》く反映《はんえい》されており、全人性という課題に即《そく》していえば、人間の理性的側面のみが極端《きょくたん》に肥大化《ひだいか》されていました。

そのため、歴史は一定の理論、法則によって導《みちび》かれ、従ってその理論、法則さえマスターしてしまえば、すべてがわかったように錯覚《さっかく》する、頭でっかちの、善意《ぜんい》であるがゆえにそれだけ鼻持ちならぬ、非寛容《ひかんよう》で傲慢《ごうまん》な革命家群像《ぐんぞう》を、おびただしく輩出《はいしゅつ》してしまったわけであります。

確《たし》かに、すべてが合理的に割り切れ、そこから合理的なユートピアの青写真が導き出されるのならば、そこへ到達《とうたつ》するのに早いに越したことはなく、急進《きゅうしん》主義に傾《かたむ》くのは理の当然であります。それに従おうとしない〝反革命分子《はんかくめいぶんし》〟に対しても、何らかの強制力《きょうせいりょく》を行使《こうし》したくなるのも、必然の成り行きでありましょう。

こうした急進主義に対する批判《ひはん》は数多くありますが、ここでは一つだけ、キルギスタン出身で現代ロシアを代表する作家アイトマートフ氏の告発《こくはつ》をあげておきたいと思います。

私との対談集『大いなる魂《たましい》の詩《うた》』（読売新聞社）の中で氏は青年に、こう呼びかけております。

「若者たちよ、社会革命に多くを期待してはいけません。革命は暴動《ぼうどう》であり、集団的な病気であり、集団的な暴力であり、国民、民族、社会の全般にわたる大惨事《だいさんじ》です。私たちはそれを十分すぎるほど知っています。民主主義改革《かいかく》の道を、無血《むけつ》の進化《しんか》（漸進的《ぜんしんてき》発展）の道を、社会を逐次的《ちくじてき》に改革する道を探《さが》し求めて下さい。進化は、より多くの時間を、より多くの忍耐《にんたい》と妥協《だきょう》を要求し、幸福を整《ととの》え、増大させることを要求しますが、それを暴力で導入《どうにゅう》することは要求しません。私は神に祈《いの》ります――若い世代が私たちの過《あやま》ちに学んでくれますように、と」

やや長文になりましたが、全人性《ぜんじんせい》、生《せい》の全体性の立場からする、痛切《つうせつ》な訴《うった》えであると私は感じております。それはまた、かつてエドマンド・バークやゲーテが行ったジャコビニズム批判と、驚《おどろ》くほど波長《はちょう》が一致《いっち》しております。

とともに革命的急進主義に限らず、何らかの「歴史的必然性《ひつぜんせい》」に基《もと》づく世界観は、ともすれば人間が自《みずか》らの行動によって運命を切り開いていく力《ちから》を否定《ひてい》してしまう傾向《けいこう》にあるといえないでありましょうか。

人生にしても歴史にしても、物を扱うように対象化《たいしょうか》し客体化《きゃくたいか》してはならず、その何たるかを知るには、そのなかに身を置き、自《みずか》ら生きて知るしかない。それゆえ、変化は内発的、漸進的《ぜんしんてき》になされる以外になく、もし、外から急進的《きゅうしんてき》な働きかけがなされると、必ず全人性《ぜんじんせい》、生《せい》の全体性のどこかが壊《こわ》れ、偏頗《へんぱ》を生じてしまうのは当然であります。

その点、真正《しんせい》の自由主義者であったF・A・ハイエクが、社会に向かう自らの立場を、植物の世話をする園芸師に擬《ぎ》しているのは、言い得て妙であります。植物の生長《せいちょう》は、いかなる意味でも内発的、漸進的になされる以外にない。園芸師にできることは、そのためのより良き条件づくりであります。

同じように自由主義者も「社会それ自体が持っている自生的《じせいてき》な力《ちから》」(『隷属《れいぞく》への道』西山千明訳、春秋社)を、どう円滑《えんかつ》に引き出すかという点に尽《つ》きるべきだと言うのであります。

またはからずも、この類比《るいひ》は、社会における、「多様性《たようせい》の尊重《そんちょう》」も促《うなが》しております。よき園芸師がそうであるごとく、それぞれの多彩《たさい》にして尊厳《そんげん》なる個性《こせい》を大切にしながら、いかに「調和の花園《はなぞの》」を広げていくか。

この現代の重大な課題《かだい》にあっても、内発的、漸進的なアプローチによって、多様性を創造性《そうぞうせい》の源泉《げんせん》と生かしゆく道が、開かれていくのではないでしょうか。

そして貴国《きこく》が、その偉大《いだい》なる模範《もはん》を世界へ示しゆく使命《しめい》を担《にな》っておられることは、改《あらた》めて申し上げるまでもありません。

武器はソクラテス的対話

従って、第二に訴《うった》えたい点は、急進主義的アプローチが必然的《ひつぜんてき》にテロや暴力《ぼうりょく》に依存《いそん》していったのとは逆に、漸進主義的アプローチの必然的帰結《きけつ》であり、武器は、「対話」であるということであります。

それも、ソクラテスがそうであったように、言葉と言葉の撃《う》ち合いが、果《は》ては死をもたらすかもしれないほどの緊迫《きんぱく》した状態さえ覚悟《かくご》した、退《ひ》くことを知らぬ徹底《てってい》した対話であります。それはおそらく、暴力《ぼうりょく》に数十倍する精神の力と強さを要するはずであります。

思うに、隣人《りんじん》との対話であれ、歴史との、あるいは自然や宇宙との対話であれ、語らいを通した開かれた空間《くうかん》の中でのみ、人間の全人性《ぜんじんせい》は保障《ほしょう》されるものであり、自閉的《じへいてき》空間は、人間精神の自殺の場になっていくほかはありません。なぜなら、人間は生まれ落ちたまま人間であるのではなく、文化的伝統《でんとう》を背景《はいけい》にした〝言葉の海〟〝対話の海〟の中で鍛《きた》え上げられて初めて、自己を知り他者を知り、真の人間となっていくからであります。

私は、言論嫌《ぎら》い（ミソロゴス）が人間嫌い（ミサントローポス）に通じていくことを、ソクラテスが若者に諄々《じゅんじゅん》と説《と》いて聞かせる『パイドン』（藤沢令夫訳、『世界古典文学全集』14〈プラトンI〉所収、筑摩書房）の美しい一節を想起《そうき》しております。

言論嫌いを生む言葉への不信は、言葉への過信《かしん》と〝一つもの〟の裏《うら》と表《おもて》にすぎない。その〝一つもの〟とは、対話と、対話による人間同士の結《むす》びつきに耐《た》えられぬ弱い精神をいうのである。そうした弱い精神は、何かにつけ人間への不信と過信の間を揺《ゆ》れ動き、分離《ぶんり》の力の格好《かっこう》の餌食《えじき》になってしまうだろう。対話は最後まで貫徹《かんてつ》してこそ対話といえるのであり、問答無用《もんどうむよう》は、人間の弱さへの居直《いなお》り、人間性の敗北《はいぼく》宣言《せんげん》である。さあ、若者よ、魂《たましい》を強く鍛《きた》えよう。望みを捨《す》てず、自制力《じせいりょく》を働かせながら、勇気をもって前進しよう。金銭《きんせん》よりも徳《とく》を、名声《めいせい》よりも真実を求めて。――

ソクラテスは、こう温《あたた》かく語りかけているようであります。

古代ギリシャと現代の大衆社会を同一視《どういつし》することはできませんが、かといって、その差異《さい》を強調《きょうちょう》しすぎるのも考えものであります。その証拠《しょうこ》に、例《たと》えばウォルター・

リップマンの古典的名著《こてんてきめいちょ》『世論』は、よりよき世論形成《けいせい》のための要《かなめ》として「ソクラテス流の対話」「ソクラテス的人間」の必要性を、繰《く》り返《かえ》し訴《うった》えているのであります。

私は先日、東京で貴《き》大学のスターク学長並びにバリツァー教授と会談した折《おり》、「教育以上に大切なものはない」との点で深く賛同し合いました。開かれた対話に基《もと》づく教育こそ、単なる知識や情報の伝達《でんたつ》にとどまらず、偏狭《へんきょう》な視点《してん》や感情の超克《ちょうこく》を可能にするからであります。特に大学は建設的対話を通してソクラテス的世界市民を育て、新《あら》たな統合《とうごう》原理を探索《たんさく》する突破口《とっぱこう》を開きゆく使命《しめい》を有《ゆう》していると思うのであります。

ちなみに、ソクラテスと並んで人類の教師とされる仏教の釈尊《しゃくそん》も、臨終《りんじゅう》の床《とこ》での最後の言葉は嘆《なげ》き悲しむ弟子たちへの質問の勧《すす》め、対話の促《うなが》しであったことを、申し添《そ》えておきたいと思います。釈尊は入滅《にゅうめつ》のそのときまで「友が友に尋《たず》ねるように、なんでも聞いてごらん」と人々に呼びかけ続けたのであります。

機軸は自制ある人格形成《けいせい》

第三に、機軸《きじく》としての人格、ということを強調《きょうちょう》しておきたいと思います。全人性《ぜんじんせい》とは人格の異名《いみょう》といってもよく、統合原理といってもできあいの抽象的《ちゅうしょうてき》な理論などではありません。卓越《たくえつ》した人格の力を通して、内在的《ないざいてき》に模索《もさく》される以外になく、いわば統合の力という絆《きずな》の結《むす》び目を成《な》すのが、人格なのであります。

その一つの証左《しょうさ》として、第二次大戦後、いち早く国際的なスケールで取り組まれた貴大学の人間教育の尊《とうと》い努力は、今、平和秩序形成《ちつじょけいせい》へ、卒業生の方々《かたがた》の目覚《めざ》ましい活躍となって結実《けつじつ》しております。この事実に対し、私は深い感慨《かんがい》を覚《おぼ》える一人であります。

貴大学が創立《そうりつ》されたのと同じ時期、私の恩師《おんし》である戸田城聖創価学会第二代会長は、日本の軍国主義《ぐんこく》の弾圧《だんあつ》による二年間の獄中《ごくちゅう》生活を終え、民衆《みんしゅう》一人一人の人格に光を当てながら、新しい人間主義の運動を開始いたしました。青年をこよなく愛した恩師が、よく、「人生の名優《めいゆう》たれ」と励《はげ》ましていたことを私は懐《なつ》かしく思い起こすのであります。確《たし》かに、人格の力《ちから》というものは、役者が舞台の上で、自分の役割に徹《てつ》し、演《えん》じきっていく時の集中《しゅうちゅう》された力によく似ております。名優がそうであるように、卓越《たくえつ》した人格にあっては、どんな切羽《せっぱ》詰《つ》まった立場に置かれても、どこかでその立場を演じているような余裕《よゆう》と落ち着き、ある種のユーモアさえも漂《ただよ》わせているものであります。そして、淡々《たんたん》とその場を切り抜けていけるのであります。それは、自分で自分をコントロールする力といってもよいと思います。

優《すぐ》れた演出家《えんしゅつか》でもあったゲーテは、俳優《はいゆう》を選ぶ際《さい》の基準について問われ、こう答えております。

「何をおいても、自制心《じせいしん》を持っているか否《いな》かを見た。なぜならば、いっこう、自分の制御《せいぎょ》もできず、他人に対して、最《もっと》も好《この》ましいと思うところを示すこともできないような俳優は断《だん》じて物にならない。俳優という職業に徹底《てってい》するには、絶《た》えず自分自身を無にして行かねばならない」（エッカーマン『ゲーテとの対話』神保光太郎訳、角川文庫）と。

言うところの「自制心」とは、魂《たましい》の理知的《りちてき》部分による欲望の統御《とうぎょ》を説《と》いたプラトン哲学の「節制《せっせい》」にも通じていると思います。単に俳優に不可欠《ふかけつ》の資質《ししつ》であるのみならず、人格を人格たらしむる最大の要件《ようけん》であるといっても、過言《かごん》ではないでありましょう。ここで、私は仏法者としまして、仏法哲理《てつり》のなかでも最も重要な原理が、まさにこの人格形成《けいせい》の要件に符合《ふごう》していることに触《ふ》れてみたいと思います。

仏法では、衆生《しゅじょう》の生命状態《じょうたい》を十の範疇《はんちゅう》（カテゴリー）に分けます。悪い方から順に申し上げれば、苦しみに押しつぶされた状態の地獄界《じごくかい》、欲望《よくぼう》に心身《しんしん》を焼かれている餓鬼《がき》界、強者《きょうしゃ》を恐《おそ》れ弱者をあなどる畜生《ちくしょう》界、常に他人に勝《まさ》ろうとする修羅《しゅら》界、平《へい》静《せい》に物事を判断する人《にん》界、喜びに満《み》ちた天《てん》界、学理《がくり》・教説《きょうせつ》に接し悟《さと》りを志向《しこう》する声聞《しょうもん》界、自然現象《げんしょう》に触《ふ》れ一人悟る縁覚《えんがく》界、一切衆生《しゅじょう》を救済《きゅうさい》しようとする慈悲《じひ》の境地《きょうち》である菩薩《ぼさつ》界、そして最後に、円満《えんまん》にして自在《じざい》な仏《ほとけ》の境地である仏界《ぶっかい》であります。

この仏界に至《いた》ろうとする努力が真実の仏法の信仰であります。

そして更に、この十の範疇《はんちゅう》のそれぞれが、互いにまた十の範疇を具《そな》えている。つまり地獄《じごく》界という範疇は、その中に地獄界から仏界に至る十の範疇を含《ふく》んでいるということであります。生命は一時《いっとき》として固定化《こていか》してはおらず、次の瞬間《しゅんかん》には十の範疇のうち、どれかへと絶《た》えず変化していくとするダイナミックな生命観が、ここにはあります。

〝菩薩界・仏界がコントロールする生命〟を

本論の文脈《ぶんみゃく》で特筆《とくひつ》すべきは、そうした流れの中にあって、十の範疇のうちのどれが、自《みずか》らの生命の基《き》底部《ていぶ》となるかが、実践《じっせん》・修行《しゅぎょう》のうえの最大のポイントとなってくることです。そして、最も高い境地である仏界、菩薩界を基底部に据《す》える生き方が、理《り》想的《そうてき》仏法者像、理想的人間像として勧《すす》められているのであります。

人生には必ず喜《き》怒《ど》哀楽《あいらく》があり、そのつど十の範疇のうち、どれかが発現《はつげん》していく。しかし、それらは、常に清浄《せいじょう》にして不壊《ふえ》なる菩薩界、仏界の生命によってコントロールされている——まさに、理想的な人格形成《けいせい》の在《あ》り方そのものと思うのであります。

私どもの信奉《しんぽう》する日蓮大聖人は、単にそう説いただけではなく、邪《よこしま》な権力《けんりょく》によって斬首刑《ざんしゅけい》に処《しょ》せられようとしたときも、嘆《なげ》き悲しむ門下《もんか》を「これほどの喜びをば、笑《わら》いたまえ」とたしなめ、捕吏《ほり》に酒を振る舞うなど、生涯《しょうがい》最大の難局《なんきょく》を悠々《ゆうゆう》と乗り越え、後世《こうせい》に人間としての範《はん》を示されているのであります。

ゆえに、私は、この仏法哲理《てつり》が、全人性《ぜんじんせい》の復権《ふっけん》への機軸《きじく》をなす人格形成《けいせい》に大きく貢献《こうけん》できるものと信じております。のみならず、仏法の実践者《じっせんしゃ》として、二十一世紀の命運《めいうん》を決《けっ》するともいうべき新たなる統合《とうごう》原理を求めての旅路《たびじ》に、皆さま方《がた》とともに勇気ある出発をしていきたいことを念じてやみません。

その思いを、私が若いころから愛誦《あいしょう》してきた、ウォルト・ホイットマンの人間讃歌《さんか》に託《たく》し、私のスピーチを終わらせていただきます。

ぼくには見えるあらゆる土地の男と女が、
ぼくには見える哲人《てつじん》たちののどかな連帯《れんたい》が、
ぼくには見えるわが人類の建設的な営《いとな》みが、

ぼくには見えるわが人類の忍耐《にんたい》と勤勉《きんべん》のかずかずの成果《せいか》が、
ぼくには見えるさまざまな身分《みぶん》が、肌《はだ》の色が、未開《みかい》が、文明が、
ぼくはそれらのもののなかに入りこみ、見分けがたいほどにまじり合い
そして地球上のあらゆる住人《じゅうにん》たちに挨拶《あいさつ》を送る

（『草の葉』杉木喬・鍋島能弘・酒本雅之訳、岩波文庫）

ご清聴《せいちょう》、ありがとうございました。サンキュー・ソー・マッチ。

（1993年1月29日　アメリカ、クレアモント・マッケナ大学）

新しき人類意識を求めて

マカオ東亜大学（現マカオ大学）記念講演

マカオ東亜大学（中国、現マカオ大学）

本日、栄《は》えある東亜《とうあ》大学の、初の名誉《めいよ》教授という最大の栄誉《えいよ》を賜《たまわ》り、まことにありがとうございました。ランジェル博士、薛寿生《せつじゅせい》学長をはじめ、すべての関係者の皆さまに心より御礼申し上げます。また、このように大勢の若き英知《えいち》の方々《かたがた》の前で記念講演をさせていただくことは、大変にうれしいことであり、重ねて深謝《しんしゃ》申し上げます。

さて、ここマカオは、十六世紀以来、ポルトガルの東洋貿易の拠点《きよてん》となり、東西を結ぶ交流《こうりゅう》の要衝《ようしょう》となってまいりました。日本との関《かか》わりも深く、日中貿易の中継地《ちゅうけいち》として重要な役割を担《にな》い、いわば日本にとっては、西洋文明の新風《しんぷう》を送ってくれた大切な〝窓〟であったといえましょう。

今回、私は初めてマカオを訪《おとず》れました。中国の昔をしのばせるたたずまいとポルトガルの文化の雰囲気《ふんいき》を伝える多くの建築物が見事に調和し、マカオ独自《どくじ》の景観《けいかん》をつくりだしていることに、深い感銘《かんめい》をおぼえております。

それは東洋と西洋の異《こと》なる文明・文化が共存《きょうそん》し、調和できることを明確《めいかく》に示しております。昨一九九〇年四月、ランジェル博士も、創価大学での記念講演で述《の》べられておりますとおり、まさにマカオは、四百五十年間にわたって、〝東西文化の融合《ゆうごう》が可能である〟ことを世界に証明《しょうめい》するという〝文明史的意義《いぎ》〟を担《にな》ってきたのであります。国際化時代を迎《むか》えた今、このマカオの存在は、異なる文明・文化の共存、ひいては人類の調和を考える貴重《きちょう》な先例《せんれい》として、ますます大きな光彩《こうさい》を放っていると思えてなりません。

そのマカオ唯一《ゆいいつ》の総合大学として、間もなく開学《かいがく》十周年を迎える貴《き》大学の特色も、豊かな国際性にあるとうかがっております。教授陣《じん》も、中国、イギリス、ポルトガル、フランス、アメリカ、カナダ、ドイツ、オーストラリア、ニュージーランド、日本から招聘《しょうへい》されており、更に私ども創価大学も学術交流《こうりゅう》協定を結《むす》ばさせていただいておりますが、世界各地の大学、研究機関と積極的《せっきょくてき》な交流を推進しておられる。また、貴大学設立《せつりつ》の式典には、世界二十六カ国から、百三十五人の大学の学長が出席していることも、国際化時代を担いゆかれる大学関係者の貴い熱意の賜物《たまもの》であり、同時に貴大学への世界の諸大学の大いなる期待の表れ《あらわ》でありましょう。東亜大学こそ、東洋におけるボーダーレス時代の担い手にふさわしい大学であり、その前途《ぜんと》に思いをはせるとき、二十一世紀の世界を照《て》らす希望の旭日《きょくじつ》が、このマカオの地から昇《のぼ》りゆくのを仰《あお》ぎ見る日のことが待望《たいぼう》されてなりません。

「民族意識」の混沌《こんとん》から「人類意識」の新秩序へ

ご承知のとおり、世界は今、湾岸《わんがん》戦争という重大な事態《じたい》に直面《ちょくめん》しております。これまでの米ソ二極体制に代わって人類融合《ゆうごう》の道を開く新《あら》たなコスモス（秩序《ちつじょ》）はいまだ形成《けいせい》されず、秩序感覚《かんかく》の失われたカオス（混沌）の時代の様相《ようそう》を呈《てい》しているといっても過言《かごん》ではありません。それは、イデオロギーが終焉《しゅうえん》を告げたあと、世界各地で噴出《ふんしゅつ》している民族主義に象徴《しょうちょう》されております。確《たし》かに民族というものは、人間が人間であろうとするとき、立ち返るべき一つの原点《げんてん》ではありますが、それが、そのままグローバルな秩序形成に繋《つな》がっていくとはとうてい言えない。

昨年亡《な》くなった私の友人、アメリカのノーマン・カズンズ教授は、人間に「部族意識《いしき》」ではなく「人類意識」を教えることこそ、教育の要諦《ようてい》であると力説《りきせつ》されておりました。(『世界市民の対話』毎日新聞社)すなわち、半《なか》ば人間の無意識層に根差《ねざ》している民族意識を、教育や哲学《てつがく》、宗教などによって陶冶《とうや》し、より開放的《かいほうてき》にして普遍《ふへん》的《てき》な人類意識へと鍛《きた》え上げていかねば、新たな世界秩序など、とうてい望むことはできないと私は思います。

こうした課題《かだい》を前にして、私は、中国三千年の文明を地下水脈《ちかすいみゃく》のように流れている伝統《でんとう》のコスモス感覚ともいうべきものに、注目せざるを得ません。おそらく、それは仁《じん》・義《ぎ》・礼《れい》・智《ち》・信《しん》の「五常《ごじょう》」をモットーに掲《かか》げた東亜大学の建学の精神にも通じていくであろう、と私は思っております。最近、日本や、韓国、台湾《たいわん》、香港《ホンコン》などのNIES(ニーズ=新興《しんこう》工業経済地域)諸国《しょこく》の目覚《めざ》ましい経済発展《はってん》に触発《しょくはつ》されてか、中国を含《ふく》むそれらの地域を〝アジア文化圏《けん》〟〝漢字文化圏〟等と括《くく》る試《こころ》みがしばしばなされるようですが、確かにこの問題は、経済次元《じげん》を超《こ》えて、文明史的意義《いぎ》をはらんでいるといってよい。

ところで、アメリカ中国学会の重鎮《じゅうちん》であるコロンビア大学のウィリアム・T・ドバリー教授は、十年近く前、香港の中文《ちゅうぶん》大学で一連の記念講演を行い、それを『朱子学《しゅしがく》と自由の伝統《でんとう》』（山口久和訳、平凡社選書）と題して上梓《じょうし》いたしております。その中でドバリー教授は、「為己之学《いこしがく》」（自分自身のための学問）、「克己復礼《こっきふくれい》」（自己抑制《よくせい》と礼節への復帰）、「自任《じにん》」（自らに道徳的責任を負うこと）、「自得《じとく》」（自分の力で何かを得ること）などのキー・ワードを分析《ぶんせき》しながら、封建《ほうけん》主義イデオロギーの典型《てんけい》とされてきた朱子学のなかにも、よく検討すれば、ヨーロッパの近代《きんだい》思想にも相通《あいつう》ずるような自由主義、個人主義の脈絡《みゃくらく》がたどれる、としております。

詳細《しょうさい》は略《りゃく》させていただきますが、お気づきのように、そこには「自」という言葉が頻出《ひんしゅつ》しております。「自」とは「自由」に通じ、また、「自分」や「自己」をも形成《けいせい》する言葉です。その基調《きちょう》をなすトーンは、個人の自律性《じりつせい》といってよい。更に「為己之学」とは、学問は科挙《かきょ》のための受験勉強のように、他から言われてやるようなものではなく、まず自分自身に立ち返ること、つまり自己認識、自己理解を第一義《ぎ》としており、極《きわ》めて内向的《ないこうてき》、内省的《ないせいてき》なトーンに貫《つらぬ》かれております。先ほどのランジェル博士のスピーチにもあったとおりであります。

ドバリー教授は触《ふ》れておりませんが、一見して明らかなように、この内省的個人の自律性という概念《がいねん》は、極めてデカルト的といってよい。かのデカルトも、中世スコラ哲学《てつがく》の崩壊《ほうかい》の寄《よ》る辺《べ》なき混沌《こんとん》のなかにあって、徹底《てってい》した自己省察《せいさつ》を行い、ついに、有名な〝コギト〟(我思《われ》う、故《ゆえ》に我あり)にたどりつき、そこを足場にして、一切《いっさい》の哲学的営為《えいい》を成《な》し遂《と》げました。自《みずか》らを律しつつ、独《ひと》り、さっそうと我が道を征《ゆ》く彼の雄姿《ゆうし》は、まことにヨーロッパ近代哲学の父の名にふさわしいものでした。

と同時に、デカルト哲学にあっては、徹底《てってい》した個の自律性の貫徹《かんてつ》はあっても「他者《たしゃ》」というものが、ほとんどといってよいほど顔を出していない。そこが、中国思想にはらまれている自由主義や個人主義と決定的に異《こと》なるところです。先に触れた

「克己復礼《こっきふくれい》」に見るごとく、そこでは、内省的自己が、転《てん》じて「礼」という社会の約束事を通して「他者」と関《かか》わっていくという視点《してん》が、明確《めいかく》に打ち出されております。自由主義や個人主義といっても、中国のそれは、現実の一個の人間が、生き、活動している有機的《ゆうきてき》な〃場〃としての社会が常に想定《そうてい》されている点において、ヨーロッパ思想と明確な一線を画《かく》している。

私は、そこに中国伝統《でんとう》の優《すぐ》れて現実的なコスモス感覚、更に言えば人間及び社会がどうあるべきかという点への責任《せきにん》感覚、義務《ぎむ》感覚といったものを見いだす一人であります。

そうした点を踏《ふ》まえ、ドバリー教授は〃ここには極端《きょくたん》な個人主義は排除《はいじょ》され、それに代わって、他者《たしゃ》と最も親密《しんみつ》に交《まじ》わっているときの自己の姿こそ、真正《しんせい》の自己であるとする人格主義がその場所を占《し》めている〃(『朱子学《しゅしがく》と自由の伝統』山口久和訳、平凡社選書)ことに論及《ろんきゅう》しております。

ここに言う「極端な個人主義」とは、いうまでもなく、社会の進展《しんてん》とともにその歪《ひず》みを露《あらわ》に拡大《かくだい》してきたヨーロッパ的個人主義を指《さ》しております。ちなみにこの点は、北東アジアの興隆《こうりゅう》に関心を寄せる欧米《おうべい》の識者《しきしゃ》たちが、等《ひと》しく着目《ちゃくもく》するところのようであります。『アジア文化圏《けん》の時代』を著《あらわ》した、フランスの中国学会の碩学《せきがく》L・ヴァンデルメールシュ博士も「西欧社会の超《ちょう》個人主義の含《ふく》んでいる有害《ゆうがい》な偏向《へんこう》を摘発《てきはつ》することにより、西欧人の自覚と反省《はんせい》を求めることを目的としています」（福鎌忠恕訳、大修館書店）と、著述《ちょじゅつ》の意図《いと》を語っております。

もとより、ヨーロッパ的個人主義が、大きな歴史的意義《いぎ》をもち、相応《そうおう》の成果をあげてきたという流れは、決して否定《ひてい》されたり過小評価《かしょうひょうか》されてはならない。人権《じんけん》という極めて今日的《こんにちてき》な課題《かだい》ひとつ取り上げてみても、二百年前のフランスの人権宣言《せんげん》以来、強大な国家権力《けんりょく》からいかに個人の尊厳《そんげん》を守るかという人権思想と、それを支《ささ》える個人主義なくして考えられないのであります。こと、こうした人権感覚という点に関しては、日本人などは、欧米の人々に比べて、まだまだ遅《おく》れていることを認めざるを得ません。

そのうえで、ヨーロッパ的個人主義のデメリットの側面《そくめん》に目をやれば「極端な個人主義」や「超個人主義」の欠陥《けっかん》は、国家と裸形《らぎょう》の個人を対置《たいち》し、個人の権利《けんり》を強調《きょうちょう》するあまり、人間が生き、活動する有機的《ゆうきてき》な〝場〟を、非常に不安定なものにしてしまう点にあります。フランス革命に典型的《てんけいてき》に見られるように、国家と個人との際立《きわだ》ちすぎる対置《たいち》は、その中間の小規模《しょうきぼ》、中規模の共同体を抹消《まっしょう》する方向に作用する。国家権力《けんりょく》の中央集権化《しゅうけんか》と肥大化《ひだいか》につれ、事実、社会はそのような経過《けいか》をたどってきました。

しかし、実際《じっさい》の生活にあっては、国家と個人が直《じか》に向き合う、いわゆる〝大状況〟などごくわずかであり、大部分の時間は家庭や職場、地域共同体などの〝小状況〟で営《いとな》まれているわけです。

他者《たしゃ》の顔が見え、本当の交《まじ》わりが成り立つのは、そうした〝小状況〟であり、従って、そこにあってこそ、我々は生きる喜びや実感《じっかん》を、心底味《しんそこあじ》わっている本当の自分を発見できるのであります。

その肝心《かんじん》の足場がぐらついているなかで、国家と対峙《たいじ》させられた個人は、ある場合は無力感《むりょくかん》でアノミー現象《げんしょう》に陥《おちい》ったり、ある場合はその反動で、全体主義のアジテーションの格好《かっこう》の餌食《えじき》になってしまう。このことは、今世紀、我々が何度も目にしてきたことであります。

教育が開く「世界精神」のコスモス

中国の古《こ》伝説的名君《でんせつてきめいくん》・堯帝《ぎょうてい》にまつわる〝鼓腹撃壌《こふくげきじょう》〟の故事《こじ》は、おそらく現代の政治状況とは正反対のものであります。皆さまの方がよくご存じのように、〝鼓腹〟

とは腹《はら》をうつこと、〝撃壌《げきじょう》〟とは木ごま遊びをすることであり、この世を楽しみ、謳歌《おうか》する様《さま》を言う。

自《みずか》らの為政《いせい》がうまくいっているかどうか不安になった堯帝《ぎょうてい》が、ある日おしのびで町へ出、町の外《はず》れに来ると、白髪《はくはつ》の老農夫が〝鼓腹撃壌《こふくげきじょう》〟しながら歌っていた。

日出《い》でて作《はたら》き、
日入《い》りて息《いこ》う。
井を鑿《ほ》りて飲《の》み、
田を耕《たが》やして食《く》う。
帝力《ていりょく》我に何かあらんや！（権力者の力など、私に何の関係があろうか）

何と健康でおおらかな現実肯定《こうてい》でありましょうか。私には、この素朴《そぼく》な言い伝えが、くだって欧米の真摯《しんし》な知性が発掘《はっくつ》した、優《すぐ》れて中国的な自由主義、個人主義を育《はぐく》んだ原基《げんき》であるように思えてならない。

もとよりそれは、文字どおり掘《ほ》り起こされたもので、現実には、歴史の流れに埋没《まいぼつ》してきました。多くのリベラルな要因《よういん》をはらんでいた思想が、なぜ開花《かいか》しなかったのかは、別角度からの解明《かいめい》を要する課題《かだい》でありましょう。とはいえ、思想的遺産《いさん》はあくまで遺産であります。中国三千年の歴史を貫《つらぬ》くコスモス感覚、精神の位階秩序《いかいちつじょ》を形成《けいせい》しつつ、世界精神へと昇華《しょうか》しゆく原感覚《げんかんかく》ともいうべきものは、中国仏教や日本の大乗《だいじょう》仏教に見られる円教的側面《えんきょうてきそくめん》、つまり〝大いなる肯定〟にも通じるのであります。

私はそこに、ドバリー教授やヴァンデルメールシュ博士が示唆《しさ》するように、ヨーロッパ主導型《しゅどうがた》文明の行《ゆ》き詰《づ》まりを打破《だは》しゆく、貴重《きちょう》な突破口《とっぱこう》が見いだせると信じております。

かつて、マカオで青年時代の一時期を送った孫文《そんぶん》は「民族と国家の永遠《えいえん》の地位を維持《いじ》するとなると、道徳《どうとく》の問題になってくる。よい道徳があってこそ、国家は永遠におさまるのである」(『三民主義』上、安藤彦太郎訳、岩波文庫)と述べました。言うところの道徳とは、中国文明の「儀礼《ぎれい》」的、「礼教」的側面ではなく、より深い原感覚に棹《さお》さしてこそ、可能となるでありましょう。

同じように、貴《き》大学の掲《かか》げる「五常《ごじょう》」すなわち仁《じん》・義《ぎ》・礼《れい》・智《ち》・信《しん》のモットーもまた、こうした良き伝統《でんとう》の光《ひかり》が当てられたとき、二十一世紀への新《あら》たな指標《しひょう》として、更に装《よそお》いもみずみずしく蘇《よみがえ》ってくるのではないでしょうか。なお、この「五常」については、仏法のうえからも種々、意義《いぎ》づけられております。

そうした前提《ぜんてい》に立って、僭越《せんえつ》ではありますが、「五常」の現代的意味を考えるならば、まず「仁」とは、ヒューマニズム・人道《じんどう》への目覚《めざ》めであり、広くは人類愛への目覚めといってもいいでしょう。

「義」とは、エゴイズムの克服《こくふく》であります。世界は、互いの主権を尊重《そんちょう》しつつも、自国中心主義を乗《の》り越《こ》えて「人類益《えき》」「人類主権」を志向《しこう》していかねばならない転換期《てんかんき》を迎《むか》えている。その意味で、世界市民の条件は、まさにこのエゴイズムの超克《ちょうこく》にある。

また「礼」とは、他者《たしゃ》の存在を認め、敬意《けいい》を払《はら》うことであります。世界は様々《さまざま》な民族・国家の集合体《しゅうごうたい》であり、それぞれが独自《どくじ》の文化を保《たも》ち、アイデンティティーの核《かく》を形成《けいせい》している。それを認め、異《こと》なる文化を理解し、尊重することは平和共存《きょうそん》の基本であります。そして「智」。知恵《ちえ》こそ創造《そうぞう》の泉《いずみ》といってもいい。今、世界には国際紛争《ふんそう》が多発《たはつ》し、環境《かんきょう》問題等の地球的問題群《ぐん》が山積《さんせき》しています。その解決《かいけつ》には硬直化《こうちょくか》した発想《はっそう》を打破《だは》し、柔軟《じゅうなん》でみずみずしい知恵を湧現《ゆげん》し、それを結集していく以外にない。

最後に「信」すなわち〝誠実《せいじつ》さ〟であります。不信を信へ、反目《はんもく》を理解へ、憎悪《ぞうお》を慈愛《じあい》へと転《てん》じていく根本《こんぽん》は、"誠実さ"であることは論をまたない。策《さく》や方法では、"誠実さ"であることは論をまたない。世界が互《たが》いに心を開き合うためには信頼《しんらい》という友誼《ゆうぎ》の大地を耕《たがや》すことはできない。

「信」こそ絶対の要請《ようせい》となるのであります。

唐突《とうとつ》のように思われるかもしれませんが、この「五常《ごじょう》」という徳目《とくもく》を、巧《たく》まずして体現《たいげん》していた人物として、私は、周恩来《しゅうおんらい》総理を思い起こします。

私は、周総理とは逝去《せいきょ》の一年前、一九七四年十二月、第二次訪中《ほうちゅう》の折《おり》にお会いし、また夫人の鄧穎超《とうえいちょう》女史とは今に至《いた》るまで深い友誼《ゆうぎ》を結《むす》んでおりますが、周総理の振《ふ》る舞《ま》い、言動は、自《みずか》らを厳《きび》しく律《りつ》する精神の風格《ふうかく》に満《み》ちておりました。

当時、周総理は、病気療養《りょうよう》されていたため、北京《ペキン》市内の病院での会見でありましたが、病身にもかかわらず、わざわざ玄関《げんかん》まで出迎え、帰りには見送ってくださった。私はその礼節《れいせつ》に心打たれたことを今でも鮮明《せんめい》に覚《おぼ》えております。会見の部屋も質素《しっそ》でした。

また「今の中国は経済的に豊かではありません」と率直《そっちょく》に心情《しんじょう》を吐露《とろ》されながら、平等互恵《ごけい》にして世々《せぜ》代々《だいだい》にわたる人民の友好《ゆうこう》を展望《てんぼう》されていた。私は、そこに和を重《おも》んじ、自らを抑制《よくせい》する謙譲《けんじょう》の美と、信念《しんねん》に徹《てっ》する強靭《きょうじん》な意志力を垣間見《かいまみ》た思いでした。その思いを込めて、創価大学には「周桜《しゅうざくら》」と「周夫婦桜《めおと》」を植《う》え、亡《な》き総理をしのんでおります。

さて、皆さまもよくご存じのように、中国南宋《なんそう》の宰相《さいしょう》・文天祥《ぶんてんしょう》は、このマカオに広がる海を歌った、有名な『零丁洋《れいていよう》を過《す》ぐ』の詩《し》を残しております。文天祥は、科《か》挙《きょ》の首席《しゅせき》合格者であり、知《ち》勇兼備《ゆうけんび》の若き闘将《とうしょう》であった。彼は侵攻《しんこう》してきたモンゴル王朝の元《げん》と果敢《かかん》に戦い、最後まで抵抗《ていこう》するが、ついに捕《と》らえられる。元は、その力《りき》量《りょう》、人柄《ひとがら》を評価し、懐柔《かいじゅう》し帰順《きじゅん》を迫《せま》る。そのとき彼が詠《よ》んだのがこの詩であります。

皇恐灘頭《こうきようだんとう》
皇恐を説《と》き、
零丁洋裏《れいていようり》
零丁を歎《たん》ず。
人生　古《いにしえ》より
誰《たれ》か死無からん、
丹心《たんしん》を留取《りゆうしゆ》して
汗青《かんせい》を照《て》らさん。

（蘆田孝昭『中国詩選』Ⅳ所収、社会思想社）

——あの江西《こうせい》の皇恐灘《こうきようだん》の急流《きゆうりゆう》のあたりで元軍《げんぐん》に敗《やぶ》れたときは、あわて恐《おそ》れたことを語るばかりで、この零丁洋にあっては、一人おちぶれ、捕《と》らわれの身となったことを嘆《なげ》くばかりである。しかし、人生にあって昔から死なない者があるだろうか。どうせ死ぬのであれば、せめて赤誠《せきせい》の真心を、この世にとどめて、歴史に輝《かがや》かせていきたい（大意）――。

文天祥《ぶんてんしょう》はこの詩をもって、死を覚悟《かくご》で懐柔《かいじゅう》の誘《さそ》いを断《ことわ》り、やがて、刑場《けいじょう》の露《つゆ》と消《き》えていきます。しかし、最後まで、節《せつ》を曲げることなく、信義《しんぎ》に生きた文天祥の名は、英雄《えいゆう》として今なおひときわ歴史に輝きを放っております。このエピソードが、今日《こんにち》なお私たちの胸を打つのは、立場を超《こ》えて、その人間としての心情《しんじょう》が普《ふ》遍《へん》であるからであります。

文天祥がその魂《たましい》を賭《と》して我が道に生きることを歌った大海《たいかい》を望み、若き孫文《そんぶん》が封建《ほうけん》中国の改革《かいかく》のための運動に身を投じたこのマカオは、大いなる理《り》想《そう》に向かう青年の立志《りっし》の天地《てんち》にふさわしい地であります。

最後に、東亜大学に学ぶ皆さまが、この新しき英知《えいち》の港から、新しき世界精神、人類意識《いしき》の開道者《かいどうしゃ》として、二十一世紀の平和の大海原《おおうなばら》へ船出されゆく姿を思い描《えが》きつつ、私の記念講演とさせていただきます。ありがとうございました。

（1991年1月30日　マカオ東亜大学〈中国、現マカオ大学〉）

UCLA記念講演

二十一世紀への提言

――ヒューマニティーの世紀に

UCLA（カリフォルニア大学ロサンゼルス校、アメリカ）

本日はＵＣＬＡ（カリフォルニア大学ロサンゼルス校）のヤング総長、またミラー副総長のご招待《しょうたい》をいただき、アメリカの知性《ちせい》を代表するキャンパスで講演できることを、心の底から喜んでおります（拍手）。これからのアメリカを、否《いな》、二十一世紀の世界を担《にな》う皆さんへの満腔《まんこう》の期待と敬意《けいい》を込めつつ、講師としてというよりも、むしろ、ともに未来を語り合う友人として話をさせていただきます。（大拍手）

一昨年（一九七二年）及び昨年（七三年）の五月、イギリスの歴史学者であり哲学《てつがく》者でもあるトインビー博士の招待を受け、十日間にわたって真摯《しんし》な討議《とうぎ》をいたしました。私は人間対人間の中に、相互《そうご》の触発《しょくはつ》があると信ずる一人である。ゆえに、対話を最も重んずるのであります。
ご存じのとおり、トインビー博士は現代の誇《ほこ》る最高の知性《ちせい》の一人であり、人類の巨大《きょだい》な財産でありま す。八十五歳でありながら、なお、かくしゃくとして創造的な仕事を続けておられる。（編集部注　トインビー博士は一九七五年に逝去）
トインビー夫妻は、いつも六時に起床《きしょう》しておられるようであります。この時間は、諸君はまだ睡眠中《すいみんちゅう》かもしれないし（笑い）お手洗いにいって、もう一度寝床《ねどこ》に入る時間かもしれない（笑い）。起きられるとすぐに、お二人でベッドを片づけ、朝の食事を作るそうであります。そして九時になると博士は、用事があってもなくても、ご自身の机に向かうそうであります。
私はこの姿を拝見して、美しく老《お》いたものだと思った。諸君のように、若さという美しさもあるが、老いた美しさには、尊《とうと》さをはらんだ美しさがただよっているように思えてならない。さて、諸君も、お父さん、お母さんが、美しく老いていかれるよう、落第《らくだい》したり落胆《らくたん》させるようなことをしないよう、切望《せつぼう》するものであります。

（笑い、拍手）

トインビー博士との対話の際、座右《ざゆう》の銘《めい》をうかがったことがあります。博士は「ラボレムス」というラテン語を挙《あ》げられた。「さあ、仕事を続けよう」という意味であります。

ローマ帝国のセウェルス皇帝《こうてい》が西暦《せいれき》二一一年、イングランド北部の厳冬《げんとう》の地で、遠征《えんせい》の途《と》にある時、重病に倒れて死期《しき》が迫《せま》った。しかし、指揮者《しきしゃ》として、仕事を続けた皇帝は、まさに死なんとするその日「さあ、仕事を続けよう」と、全軍にモットーを与えたのだとうかがいました。

私は、博士が老いてますます若々しく、精力的《せいりょくてき》に仕事が続けられる秘密を知った思いがしました。そして生涯《しょうがい》〝思想の苦闘《くとう》〟を続ける人間の究極《きゅうきょく》の美しさを、そこにみたのであります。

文明論、生命論、学問・教育論、文学・芸術論、自然科学論から国際問題、社会問題、人生論、女性論など幅広《はばひろ》く話し合いました。二十一世紀の未来を展望《てんぼう》しつつ、対話は果《は》てしなく続き、延べ四十時間を超《こ》えるものとなった。私が日本に帰ってからも、書簡《しょかん》による討論《とうろん》は、幾度《いくど》となく繰《く》り返《かえ》されたのであります。私が博士にお会いして、対談のあいさつをした時「さあ、やりましょう！　二十一世紀の人類のために、語り継《つ》ぎましょう」と、一瞬《いっしゅん》、厳《きび》しい表情となり、決意を込めた強い語調《ごちょう》で言われた。自《みずか》らの死のかなたにある未来の世界に強い関心を寄せ、若き私どもに、知性《ちせい》のメッセージを贈《おく》ろうとされる博士の心にうたれながら、私は対話を続けたのであります。

本日、私は、博士に決《けっ》して劣《おと》ることのない決意と誠意《せいい》をもって、皆さんに語り継《つ》ぎたい。（大拍手）

〝中道〟こそ第三の生命の道

トインビー博士との対話の締《し》めくくりとして、二十一世紀の人類への提言《ていげん》は何か、と問うた時、博士は「二十世紀において、人類はテクノロジーの力に酔《よ》いしれてきた。しかし、それは環境を毒《どく》し、人類の自滅《じめつ》を招《まね》くものである。人類は自己を見つめ、制御《せいぎょ》する知恵《ちえ》を獲得《かくとく》しなければならない。そのためには、極端《きょくたん》な放縦《ほうじゅう》と極端な禁欲《きんよく》を戒《いまし》め、中道《ちゅうどう》を歩《あゆ》まねばならない。それが、二十一世紀の人類の進むべき道だと思う」という意味のことを述《の》べておられた。

私も全《まった》く同感であり、特に「中道」という言葉にひかれた。というのは〝東洋の心〟を流れる大乗《だいじょう》仏法は、中道主義を貫徹《かんてつ》しているからであります。この言葉はアウフヘーベン（止揚《しよう》）に近い言葉と考えていただきたい。すなわち、物質主義と精神主義を止揚する第三の「生命の道」のあることを、私は確信しております。

現代文明の蹉跌《さてつ》を矯正《きょうせい》する方途《ほうと》として、具体的な方法論も論じ合いました。しかし、技術的な方法論は、それのみにとどまっては、根本的《こんぽんてき》な解決をもたらさない。ここで、どうしても「人間とは何か」「生きるとはどういうことか」等々、もう一度原点《げんてん》に踏《ふ》み込む必要を、ともどもに痛感《つうかん》したのでした。いきおい博士との対談は、人間論、生命論といった、根本的なものに重点《じゅうてん》がおかれていったのであります。

特に印象的《いんしょうてき》であったものの一つに、生命論に関する対話があります。これは、人間が人間を知るための基本的《きほんてき》な論議であり、人間の生命活動こそ、文明を形成《けいせい》する根本の要因《よういん》だからであります。

トインビー博士は二度の世界大戦を体験され、戦争が妥協《だきょう》のあり得ない最も悪い制度であると叫《さけ》んでおられる。また最愛《さいあい》の子息《しそく》を亡《な》くされ、言いようのない精神的苦痛《くつう》を味わわれた。それらは、博士の関心の大きな部分を、人間の生死《せいし》、ひいては生命の奥深《おくふか》くに向けさせているようでした。

私自身、兄を戦争で亡くしている。戦争ほど悲惨《ひさん》で、残酷《ざんこく》なものはないというのが、私の実感であります。それは生涯《しょうがい》、変わることがないでありましょう。生命をこのうえなく尊厳《そんげん》とする思想を、全人類が等《ひと》しく分かち持つことが急務《きゅうむ》であると、トインビー博士と私は、強い共感と祈りをもって、確認し合ったのであります。

私はきたるべき二十一世紀は、結論して言うならば、生命というものの本源《ほんげん》に、光が当てられる世紀であると思っております。否《いな》、そうあらねばならないと信じています。そうあってこそ、文明は真実の意味でテクノロジーの文明から、ヒューマニティーの文明へと発展《はってん》するであろうからであります。

トインビー博士との生命論に関する対話では、精神と肉体の関係についての問題、生命の永遠性《えいえんせい》についての問題、死刑論《しけいろん》、安楽死《あんらくし》の問題、エゴイズムの問題等々、多岐《たき》にわたるテーマが取り上げられたわけでありますが、本日、この講演の場においても、生命論を総括的《そうかつてき》に取り上げ、皆さんとともに、人類の行《ゆ》く末《すえ》を見つめていきたいのであります。

普遍的真理を説く仏法

ご存じの方も多いかと思いますが、仏法の第一歩においては、人生を苦《く》の集積《しゅうせき》であると説《と》いております。生まれ出る苦しみ、老《お》いる苦しみ、病気の苦しみ、そして死ぬ苦しみに代表されますが、愛する者といつかは別《わか》れなければならない苦しみ、求めても得られぬ苦しみ等々、人生には苦しみが充満《じゅうまん》していると説くのであります。

楽しい時間というものは早く去り、そして必ず壊《こわ》れていく。それを失《うしな》う悲しみが加わって、苦しみを感ずる時間は長い。社会に広がっている貧富《ひんぷ》の差、人種《じんしゅ》、風俗《ふうぞく》の差は、人に楽しみを与えるよりも、苦しみを実感《じっかん》させているように私には思える。
ではなぜ、人は人生に苦しみを感ずるのか。それは「無常《むじょう》」ということを知らないからであると、仏法では教える。無常とは、あらゆる宇宙、人生の現象で、常住不変《じょうじゅうふへん》のものはないということであります。その原理《げんり》を知らないところから、苦しみが起こるというわけであります。

若き者は必ず老い、形のある物は必ず滅《ほろ》ぶ。健《すこ》やかであっても病《や》むときが来、生《せい》あるもの必ず死す。ギリシャの哲人《てつじん》ヘラクレイトスは「万物《ばんぶつ》は流転《るてん》する」と言ったといわれておりますが、森羅万象《しんらばんしょう》すべて川の流れのごとく、一瞬《いっしゅん》としてとどまることなく変化しゆくものなのであります。この机やマイクや建物すべて、頑丈《がんじょう》にできているのを疑《うたが》うわけではありませんが、それすらも十分な時間さえあれば、いつかは破壊《はかい》され、私は講演しなくてもすむようになる（笑い）。もっともそれまで待てるほど、私の体が丈夫《じょうぶ》だとは思っておりませんが……。（笑い）

ところで、このような「無常」の原理を忘れ、それを常住だと思って執着《しゅうちゃく》するところに、魂《たましい》の苦しみが生ずる原因《げんいん》があると、仏法は説くのであります。

もし皆さんに、美しい恋人《こいびと》がおられるとして、最初からその恋人の三十年後、四十年後の姿を思い浮かべつつ、交際しておられる方は少ないと思います（爆笑）。やはり現在の美しさ、若さがいつまでも続くことを願うのが、人情《にんじょう》というものであります。また、いかに膨大《ぼうだい》な富でも、死んだ後まで持っていけるものだと信じて、そのために一生懸命《けんめい》働こうという方も、あまりおられないはずです。

ともかく、得た富を少しでも長く自身にとどめておこうとして働くのであります。これらは、決《けっ》して誤《あやま》った考えとはいえない。むしろ、自然な人間の感情である。しかし、この感情があるがゆえに、苦しみがあることも事実であります。恋人をいつまでも我が手にと思うがゆえに、種々の葛藤《かっとう》があり、愛する者と別《わか》れなければならない時、最も大きな魂の苦痛《くつう》を感ずる。富を確保《かくほ》しようと思うあまり、その富に執《しゅう》着《ちゃく》し、隣人《りんじん》と争《あらそ》い、富を失《うしな》う苦しみも、味《あじ》わわなければならないのであります。「死」という問題も同じである。私達が今、こうして生きているのは事実であり、常に死ぬことを考えて生きているわけにはいかない。いつの間にか、自《みずか》らの生《せい》が、いつまでも続くと無意識《むいしき》のうちに考え、その生を保《たも》とうとして様々《さまざま》な努力をする。しかし、その強い執着が、人間にあらゆる苦しみを与えていることも疑《うたが》いない事実である。死ぬことを恐れるからこそ、老《お》いにおびえ、病《やまい》に苦しみ、生を貪《むさぼ》ろうとして果《は》てしなき煩悩《ぼんのう》の泥沼《どろぬま》にもがいているのが、私達の人生であるともいえるでありましょう。

仏法は、これら無常《むじょう》の変転《へんてん》を明らかに見つめよと説く。むしろ偉大《いだい》なる勇気を持ってこの事実を受け入れなければならない、と主張しているのであります。事実から目をそむけ、変化する無常の現象《げんしょう》を追いかけるのではなく、冷静《れいせい》にその事実を受け止めるところから、真実の悟《さと》りへの道は開けるといえるのであります。

人生は無常であり、そのゆえに苦の集積《しゅうせき》であり、更にこの現実の肉体を持つ自己自身も、必ず死ななければならない。その死を恐れずに見つめ、その奥《おく》にあるものをとらえることを、仏法は教えております。

先ほども申し上げたとおり、無常《むじょう》の現象《げんしょう》にとらわれ、煩悩《ぼんのう》のとりこになるのは、決《けっ》して、愚《おろ》かな行為《こうい》と片付けることはできない。というより、人間の生《せい》ある限り、生命の存在がある限り、生に執着《しゅうちゃく》し、愛を大切にし、利《り》を求めるのは、自然な感情だからであります。従来、仏教は、煩悩を断《た》ち、欲を離《はな》れることを教えるものとしてとらえられ、文明の発達《はったつ》の対極《たいきょく》にあるもの、それを阻害《そがい》するものとさえ考えられてきた。

こうしたことは、無常を強調《きょうちょう》する一側面《いちそくめん》が浮《う》き彫《ぼ》りにされたものであり、これだけが仏教のすべてであると考えるとしたら、仏教の一面的な評価にすぎないと言わざるを得ません。

常住不変の法と〝大我《たいが》〟

仏教の真髄《しんずい》は、煩悩を断ち、執着を離れることを説いたものでは決してない。無常を悟《さと》って、諦《あきら》めを説いた消極的《しょうきょくてき》、虚無的《きょむてき》なものでなく、煩悩や執着の生命の働きを生みだす究極的《きゅうきょくてき》な生命の本体や、無常の現実の奥にあり、それらを統合《とうごう》、律動《りつどう》させている常住不変《じょうじゅうふへん》の法のあることを教えたのが、仏法の真髄なのであります。すなわち、無常の現象に目を奪《うば》われ、煩悩に責《せ》められているのは「小我《しょうが》」にとらわれているのであり、その奥にある普遍的真理《ふへんてきしんり》を悟り、そのうえに立って無常の現象を包み込んでいく生き方こそ「大我」に生きるといえましょう。

この「大我」とは、宇宙の根本的《こんぽんてき》な原理《げんり》であり、またそれは同時に、私達の生命の様々な動きを発現《はつげん》させていく、根本的な本体をとらえた「法」であります。

トインビー博士は、この本体を哲学的《てつがくてき》用語で「宇宙の究極《きゅうきょく》の精神的実在《じつざい》」と呼ばれておりましたが、それを人格的なものとしてとらえるより、仏教のごとく「法」としてとらえるのが正しいと思うと言っておられました。

この「小我《しょうが》」でなく「大我《たいが》」に生きるということは、決して「小我」を捨《す》てるということではない。むしろ「大我」があって「小我」が生かされるということなのであります。

文明の発達《はったつ》というのは、人々に執着《しゅうちゃく》があり、煩悩《ぼんのう》があるからこそあるともいえます。もし富への執着がなければ経済の発達はないし、厳《きび》しい冬を克服《こくふく》していこうという意志《いし》がなければ、自然科学の発達もない。恋人《こいびと》を愛するという煩悩がなければ、文学の重要な部分は発達しなかったでありましょう。（笑い）

仏教の一部では初期《しょき》においても、煩悩をなくそうという考えはあり、そのために、肉体をも焼《や》き尽《つ》くす試《こころ》みさえ行われた。しかし、煩悩というものは、生命が本来もっている根源的《こんげんてき》な本体から発現《はつげん》してくるものであり、なくすことはできない。というより、行動の原動力《げんどうりょく》でさえあります。ゆえに、この煩悩にとらわれた「小我」を正しく方向づけすることが、不可欠であります。

真実の仏教は今、その根本の「大我」を発見した。「小我」をなくそうとするのではなく、逆に「小我」にとらわれるのでもない。「小我」をコントロールし、方向づける「大我」のうえに立ってこそ、文明は正しい発達を遂《と》げると言いたいのであります。(大拍手)

したがって、仏教が無常《むじょう》を説き、死を見つめることを教えたのは、逆に常住不変《じょうじゅうふへん》の法の実在することを教えるためであったわけであります。つまり仏とは諦《あきら》めを教える人ではなく、常住の法を悟《さと》った人をいうのであります。死を恐れずに見つめ、無常を明らかに悟ったのは、その奥《おく》に常住不変の法があり、我が生命もその法則のうえに立って運動する尊《とうと》き存在であることを、知っていたからこそであるといえましょう。
死は私達の肉体を、必ず包み込む。それは、避《さ》けることができない。しかし、それを超《こ》えて、永遠《えいえん》に生起《せいき》し、展転《てんてん》しゆく不滅《ふめつ》の生命に裏付《うらづ》けられていることを仏法は教えている。その絶対の確信のうえに立って、死を、無常《むじょう》を見つめることを指《さ》し示したのであります。

仏法では「生死不二《しょうじふに》」と説きます。生《せい》も死も、永久《えいきゅう》不変に流れゆく生命の二つの顕《あらわ》れ方であって、どちらかに他方が従属《じゅうぞく》するものではない。時間、空間《くうかん》の認識の枠《わく》を超えた「空《くう》」の次元でこそ、この生死をつかさどる永遠の究極的《きゅうきょくてき》生命がとらえられるといってよい。トインビー博士と、その永遠性の問題は繰《く》り返《かえ》し論議いたしましたが、博士も「究極の精神的実在《じつざい》」は、仏法で説く「空」の状態でしかとらえられないと言っておられました。

この「空」ということを、短い時間で説明し切ることは困難《こんなん》ですが、一般に考えられている「無《む》」ということでは絶対にありません。「有《う》」や「無」は時間、空間という私達の通常の認識尺度《しゃくど》で判別《はんべつ》しうるものでありますが、「空」はその奥《おく》にある本源《ほんげん》の世界を問題にしているわけであります。

私達は、生まれて成人《せいじん》に達《たつ》するまで、肉体的には大変化を行っている。幼《おさな》い時の肉体とは、別人のごとくであるといってもよい。これからの人生の長い道程《どうてい》にあっても、数《かず》知れない変化を行っていくでありましょう。精神的にも大きな変化がみられるのは当然であります。しかし、その中に一貫《いっかん》して変わらぬ自分というものがある。それは単に記憶《きおく》の問題にとどまらず、一個の生ある個体としての、本源的な「我《が》」の問題であります。

この本源的な「我」は、肉体や精神のうえに顕《あらわ》れてきているけれども、そのもの自体を認識することは困難《こんなん》であります。肉体や精神をつかさどり「有」や「無」の世界の奥にある本体であると言わざるを得ない。

仏法はこの本源的《ほんげんてき》な「我《が》」が、宇宙大の生命に通じていると説くのであります。更に、この「我」は、永遠《えいえん》に不滅《ふめつ》の働きをなし、ある時は「生《せい》」に、ある時は「死」の姿をとる。これが生死不二《しょうじふに》という考え方であります。私達は、その「大我《たいが》」を、我が生命の内に持っている。そして宇宙生命とともに呼吸しながら、無常《むじょう》の世の中に生きていくのであります。

人間謳歌《おうか》の文明に

翻《ひるがえ》って、現代文明をみるとき、私達の文明はまさしくこの「小我《しょうが》」に翻弄《ほんろう》され、それを最大限に暴《あば》れさせた文明であったことは悲しい。人間の欲の権化《ごんげ》が環境を汚《お》染《せん》し、石油資源を掘《ほ》り尽《つ》くして、巨大《きょだい》な科学技術文明を作りだした。巨大なビル、高速《こうそく》の交通機関、様々な人工《じんこう》食料、そして最も忌《い》まわしい兵器——それらのすべてが、人間の執着《しゅうちゃく》、煩悩《ぼんのう》の象徴《しょうちょう》であります。

それらのなすがままにまかせ、人間を従属《じゅうぞく》させていくならば、必ずや人類を自滅《じめつ》に陥《おとしい》れるに違いありません。

世界的な思潮《しちょう》として、今、現代文明の暴走《ぼうそう》への反省《はんせい》から、「人間」に目を向けるようになってきたのは、ようやく人間が人間であろうとしている兆《きざ》しでもあるといえましょう。

欲望に支配され、無常の現象《げんしょう》の世界ばかり追い回すのであれば、そこにいかに知《ち》性《せい》が発揮《はっき》されているといっても、本源的には、本能《ほんのう》に生きる動物と変わるところがない。現象の奥《おく》にある、目には見えぬ実在《じつざい》に目を向けてこそ、人間は人間たる価値《かち》を顕《あらわ》すのではないでしょうか。（拍手）

トインビー博士は、自らのエゴにとらわれた欲望を「魔性《ましょう》の欲望」と認識され、それに対し「大我」に融合《ゆうごう》する欲望を「愛に向かう欲望」と名づけられました。そして「魔性《ましょう》の欲望《よくぼう》」をコントロールするためには、人間一人一人が内なる自己を見つめ、制御《せいぎょ》することが必要不可欠《ふかけつ》であると、二十一世紀への警鐘《けいしょう》として述《の》べられたのであります。

来たるべき二十一世紀の文明は「小我《しょうが》」に支配されてきた文明を打ち破《やぶ》り、「大我《たいが》」を踏《ふ》まえ、無常《むじょう》の奥《おく》にある常住《じょうじゅう》の実在《じつざい》をつかんだうえに立って の円満《えんまん》な発《はっ》達《たつ》が要請《ようせい》されるべきであります。それでこそ、初めて人間は、自らが人間として自《じ》立《りつ》し、文明は人間の文明になるのであります。そのような意味から、私は、二十一世紀を「生命の世紀」でなければならないと訴《うった》える次第であります。(大拍手)

私達の人生は、また宇宙のあらゆる現象《げんしょう》は車輪《しゃりん》が回るごとく、展転《てんてん》きわまりないものであります。しかし、煩悩《ぼんのう》、欲望の泥沼《どろぬま》の上をあえぎながら走るか、確固《かっこ》とした「大我」を悟った生命の大地の上を走りゆくかによって、その回転《かいてん》は変わってくる。その時、初めて文明は確《たし》かな足どりをもって動き始めるといえましょう。

二十一世紀が夢に見た人間謳歌《おうか》の文明になるかどうかは、一《いっ》にかかって、人間そのものに目を向け、常住不変《じょうじゅうふへん》、不動《ふどう》の力強い不変の生命を発見しうるかどうかにかかっている。そして今は、まさにその分岐点《ぶんきてん》であることを、本日、私は皆さんに訴えたいのであります。

二十世紀後期から二十一世紀にかけての現代は、まさしく人間が真に人間となるか否《いな》かの転換期《てんかんき》であると、私は考える。これまでは、極論《きょくろん》かもしれませんが、人間は知性《ちせい》を持った動物の域《いき》を出なかった。私の信奉《しんぽう》する七百年前の日蓮大聖人の教典《きょうてん》の中に「才能《さいのう》ある畜生《ちくしょう》」（「開目抄」御書二一五ジペー）という表現がありますが、現代においで、この言葉の持つ意味が極《きわ》めて明確《めいかく》になりつつあります。人間は知性的に人間であるだけではなく、精神的、更に生命的にも、人間として跳躍《ちょうやく》を遂《と》げなければならないと信ずるものであります。

その課題は、今日《こんにち》の誰人《だれびと》にも課せられております。まず、自《みずか》ら人間としての自立《じりつ》の道を模索《もさく》すべきだと思います。私は仏法によって、その「生命の旅」を開始いたしました。皆さんも、一人一人が未曾有《みぞう》の転換期《てんかんき》に立つ若き建設者、開拓者《かいたくしゃ》として、それぞれの「人間自立の道」を考えていただきたい。私は本日、そのための参考として仏法の英知《えいち》の一端《いったん》をお話しいたしました。この講演が、皆さん一人一人にとって何らかの指標《しひょう》となれば幸《さいわ》いであります。(大拍手)

(1974年4月1日　アメリカ、カリフォルニア大学ロサンゼルス校)

池田大作（いけだ・だいさく）

1928年、東京都生まれ。創価学会名誉会長。創価学会インタナショナル（ＳＧＩ）会長。創価大学、アメリカ創価大学、創価学園、民主音楽協会、東京富士美術館、東洋哲学研究所、戸田記念国際平和研究所などを創立。国連平和賞、国連栄誉表彰をはじめ、「桂冠詩人」の称号など多数受賞。モスクワ大学、グラスゴー大学、デンバー大学、北京大学など、世界の大学・学術機関から230に及ぶ名誉博士、名誉教授の称号を受ける。著書に『人間革命』（全12巻）、『新・人間革命』（現在第17巻まで刊行）など、対談集に『二十一世紀への対話』（Ａ・Ｊ・トインビー）、『二十世紀の精神の教訓』（Ｍ・Ｓ・ゴルバチョフ）、『対話の文明』（ドゥ・ウェイミン）など多数がある。

「人間主義」の限りなき地平

海外諸大学での講演選集Ⅱ

レグルス文庫 263

2008年3月16日　初版第1刷発行

著　者　池田大作《いけだだいさく》

発行者　大島光明

発行所　株式会社　第三文明社

東京都新宿区新宿1-23-5　郵便番号　160-0022

電話番号　03(5269)7145（営業）

03(5269)7154（編集）

URL　http://www.daisanbunmei.co.jp

振替口座　00150-3-117823

印刷所　明和印刷株式会社

ISBN978-4-476-01263-7

REGULUS LIBRARY

レグルス文庫について

レグルス文庫〈Regulus Library〉は、星の名前にちなんでいる。厳しい冬も終わりを告げ、春が訪れると、力づよい足どりで東の空を駆けのぼるような形で、獅子座〈Leo〉があらわれる。その中でひときわ明るく輝くのが、このα星のレグルスである。レグルスは、アラビア名で〝小さな王さま〟を意味する。一等星の少ない春の空、たったひとつ黄道上に位置する星である。決して深い理由があって、レグルス文庫と名づけたわけではない。ただ、この文庫に収蔵される一冊一冊の本が、人間精神に豊潤な英知を回復するための〝希望の星〟であってほしいという願いからである。

都会の夜空は、スモッグのために星もほとんど見ることができない。それは、現代文明に、希望の冴えた光が失われつつあることを象徴的に物語っているかのようだ。誤りなき航路を見定めるためには、現代人は星の光を見失ってはならない。だが、それは決して遠きかなたにあるのではない。人類の運命の星は、一人ひとりの心の中にあると信じたい。心の中のスモッグをとり払うことから、私達の作業は始められなければならない。

現代は、幾多の識者によって未曾有の転換期であることが指摘されている。しかし、その表現さえ、空虚な響きをもつ昨今である。むしろ、人類の生か死かを分かつ絶壁の上にあるといった切実感が、人々の心を支配している。この冷厳な現実には目を閉ざすべきではない。まず足元をしっかりと見定めよう。眼下にはニヒリズムの深淵が口をあけ、上には権力の壁が迫り、あたりが欲望の霧につつまれ目をおおうとも、正気をとり戻して、たしかな第一歩を踏み出さなくてはならない。レグルス文庫を世に問うゆえんもここにある。

一九七一年五月

第三文明社

レグルス文庫／既刊

内なる世界―インドと日本　カラン・シン　池田大作
一念三千とは何か　菅野博史
深層心理の世界　織田尚生
トルストイの生涯　藤沼貴
法華経の七つの譬喩　菅野博史
牧口常三郎と新渡戸稲造　石上玄一郎
ギタンジャリ　R・タゴール　森本達雄訳
初期仏教の思想(上)(中)(下)　三枝充悳
法華玄義(上)(中)(下)　菅野博史訳註
創価教育学入門　熊谷一乗
ガンディーとタゴール　森本達雄
自我と無意識　C・G・ユング　松代・渡辺訳
仏教と精神分析　三枝充悳　岸田秀
創価教育学大系概論　牧口常三郎　古川敦注解説
戸田城聖伝　西野辰吉
大乗仏教入門　平川彰
外国文学の愉しみ　辻邦生
生命論 パラダイムの時代　日本総合研究所編
ヒューマニズムとは何か　石上豊
人間ブッダ　田上太秀
思考と運動(上)(下)　ベルクソン　宇波彰訳
21世紀文明と大乗仏教　池田大作
周恩来―人民の宰相　高橋強　川崎高志
法華文句(I)　菅野博史訳註
食事崩壊と心の病　大沢博
生活に生きる故事・説話(インド編)(中国・日本編)　若江賢二　小林正博
生命文明の世紀へ　安田喜憲
ナポレオン入門　高村忠成